大人なら
使いたい
中国語表現

メールやビジネスシーンで恥をかかないために

林 松濤 著

SANSHUSHA

はじめに

　本書を手に取ってくださり、本当にありがとうございます！

　東京・東中野の『語林』で中国語を教えている林松濤と申します。大学での授業、日中翻訳もさせていただいています。

　授業は会話を中心にしていますが、学習者からは「書く」ことについての相談もよく受けます。例えば、中国人から大変丁寧なメールを受け取った際に、話し言葉で返事するのが恥ずかしいとか。目上の方や初めての方へメールを出すのに気後れするとか。また、逆に友達とのやりとりが硬すぎているのではないかとか。つまり、誰もが恥ずかしいメールを出したくないのです。

　書く中国語には、決まり文句、特別な言い回しがあります。私たち中国人も社会生活の中でいつの間にか身に付けるため。いざ聞かれると、なかなかシステマチックに説明できません。市販のメール中国語の本を見ても、ほとんどが場面別の文例集です。自著『ビジネスメールの中国語』（三修社）にも同じような欠点があります。

　実際、中国語では、「ですます体」と「である体」の区別がない代わりに、上下関係によって、改まった場面と親しい場面によって、表現を選ばなければなりません。形式的な、明確な違いがないがゆえに、言葉選びはかえって難しくなります。また、会話表現をそのまま文字にすると、砕けすぎたというか、幼いというか、場合によってなれなれしいイメージを与えてしまう恐れがあります。

　中国語の学習者にとって、どのように書くかを身に付けるのも重要な課題の一つでしょう。

　このように感じている中、「大人なら使ってみたい中国語」をまとめてみたらどうですかという提言をいただきました。そこで、前著の例文の半分を使いながら説明を補足し、語林の謝辰さんの協力を得てこの本を完成させました。

　ご存じの通り、かつて中国では、作文能力を重視し、それを官僚選抜の基準としました。現在でも、その場にふさわしい言葉を書けるかどうかは、良い人間関係を構築する上で大切なこととなっています。

　皆さんが、より大人らしいメールを書く上での一助として、この本がお役に立てれば、著者として嬉しく思います。

　　　　　　　　　　　　　　　　　　　　　　　　　　林　松濤

■ 3章　その他　143

■ 文例一覧　193

1
章

気持ちの文例

気遣い

1― 好久没联系

しばらくメールのやりとりをしていない相手に「お久しぶりです」と言いたいとき、"好久不见"ではなく、"好久没联系了"と書きましょう。また、"好久"の代わりになる書き方も覚えましょう。

▶ **好久没有联系您了。**

Hǎojiǔ méiyǒu liánxì nín le.

ご無沙汰してしまいました。

> 一言コメント
>
> この"联系"を"联络"に変えてもいいです。

▶ **时间过得真快，半年多没跟您联络了。**

Shíjiān guò de zhēn kuài, bànnián duō méi gēn nín liánluò le.

時のたつのは早いもので、半年以上連絡を取っていませんね。

> 一言コメント
>
> "好久"を"半年多"に変えてやり取りをしていない時期を具体的に書くこともよくあります。

▶ **因为工作太忙，一直没有联系你，非常不好意思。**

Yīnwèi gōngzuò tài máng, yìzhí méiyǒu liánxì nǐ, fēicháng bù hǎoyìsi.

バタバタしており、すっかりご無沙汰してしまいました。申し訳ございません。

2— 冒昧

　面識のない相手にメールやメッセージを送るとき、"冒昧"の一言を添えましょう。また、言いにくいことがあるときにも"冒昧地"は便利な表現です。

▶ 请原谅我的冒昧来信。
Qǐng yuánliàng wǒ de màomèi láixìn。
突然のメールを失礼いたします。

話し言葉 不好意思，突然给您发信。

▶ 能冒昧地问一下薪资情况吗？
Néng màomèi de wèn yíxia xīnzī qíngkuàng ma？
失礼ながら給与状況についてお聞きしてもよろしいでしょうか？

話し言葉 不好意思，我想问一下薪水的事。

一言コメント

　"冒昧"は「ぶしつけである」「失礼ながら」「僭越ながら」の意味です。これは書き言葉ですが、改まった場面での会話に使う人もいます。

3— 好吗？

　"最近好吗？"は相手を気遣う基本的な表現です。これはよく「お元気ですか？」と訳されますが、相手の体調のみならず、「何でもうまくやっているの？」という意味になります。

▶ 最近一切都好吗？
Zuìjìn yíqiè dōu hǎo ma？
いかがお過ごしですか？

▶ **好久没联系了，大家都还好吗？**

Hǎojiǔ méi liánxì le, dàjiā dōu háihǎo ma?

ご無沙汰しております。皆さんお元気ですか？

> 一言コメント
>
> 还　hái　いつものように、依然として
> "都还好吗？"を直訳すると、「まあまあうまくやっていますか？」となります。
> 親しい仲では、このような言い方をします。

4— 怎么样

"怎么样？"で相手の近況を尋ねるのも相手への気遣いでしょう。これは話し言葉にもよく使われる表現です。

▶ **好久没有你的消息了，最近怎么样了？**

Hǎojiǔ méiyǒu nǐ de xiāoxi le, zuìjìn zěnmeyàng le?

しばらく音沙汰もなかったけど、最近はどう？

> 一言コメント
>
> "怎么样了？"は「どうなっているの？」の意味です。これは親しい人に使う表現です。

▶ **听说今年夏季北京异常炎热，您那里怎么样？**

Tīngshuō jīnnián xiàjì Běijīng yìcháng yánrè, nín nàlǐ zěnmeyàng?

今年の夏、北京は格段に暑いそうですが、お元気でいらっしゃいますか？

5— 如何

"如何"には"怎么样（いかが）"と"怎么（どのように）"の意味があります。これは書き言葉で、会話ではほとんど使われません。

▶ 最近化妆品市场竞争激烈，不知贵公司近况如何？

Zuìjìn huàzhuāngpǐn shìchǎng jìngzhēng jīliè, bùzhī guì gōngsī jìnkuàng rúhé?

最近、化粧品市場は競争が激しいようですが、貴社におかれましては
いかがでしょうか？

話し言葉 最近化妆品市场的竞争很激烈，你们公司最近怎么样？

一言コメント

"不知～如何？"は書き言葉によくあるパターンの一種です。直訳すると、「～
はいかがであるかを知りませんが」となりますが、実は「～はいかがですか？」
という意味です。つまり、"不知贵公司近况如何?"とは"贵公司近况如何?"の
意です。

6― 一定～（吧）

　相手を気遣う表現は、近況を尋ねるほかに、相手の近況を良いように推量す
る形もあります。例えば、日本語でよく「元気でいらっしゃることでしょう」
と言うのはそれです。中国語では、"最近忙吗？（最近お忙しいですか？）"を
"最近挺忙的吧！（最近お忙しいでしょうか？）"に言い換えても、気遣いの表
現であることは変わりません。ここで、"一定～吧（きっと～でしょう）"の使
い方を見てみましょう。

▶ 你近来一定很顺利吧！

Nǐ jìnlái yídìng hěn shùnlì ba!

ご活躍のことと存じます。

直訳 最近、きっと事が順調に運んでいるのでしょう。

▶ 你女儿一定更加活泼可爱了吧！

Nǐ nǚ'ér yídìng gèngjiā huópō kě'ài le ba!

お嬢さまは、ますます健やかで可愛くなられたことでしょう。

7— 想必

"想必～（～のことと存じます）"は"我想一定～吧"と同様に判断ではなく、相手の近況に対して前向きな推量をすることで相手を気遣う表現です。これは書き言葉で、会話ではほとんど使いません。

▶ **中国经济发展迅速，想必贵公司的生意也会越来越兴隆！**

Zhōngguó jīngjì fāzhǎn xùnsù, xiǎngbì guì gōngsī de shēngyi yě huì yuèláiyuè xīnglóng!

中国経済の発展が速く、貴社もますますご繁栄のことと存じます。

話し言葉 中国经济发展得很快，我想你们公司的生意也一定会越来越兴隆吧。

一言コメント

生意兴隆　shēngyì xīnglóng　商売繁盛

8— 听说

相手の状況に関心を持ち、さらにコメントを加えるのも相手への気遣いの現れです。ここで、「～を伺っています」「～そうです」に当たる表現の一つ"听说"を見てみましょう。

▶ **听说您住院了，一定是您操劳过度了！**

Tīngshuō nín zhùyuàn le, yídìng shì nín cāoláo guòdù le!

入院されたそうですが、きっと無理が過ぎたのではないでしょうか。

“听说”は“我听＋誰々＋说〜”から来た表現です。例えば、“我听刘先生说〜（劉さんから〜と伺っています）”という言い方もあります。

▶ 听说您的手术很顺利，我也松了一口气。

Tīngshuō nín de shǒushù hěn shùnlì, wǒ yě sōng le yì kǒuqì。

手術が順調だったそうですね。ほっとしました。

「安心しました」を“我(就)放心了”としてもいいです。“欣慰”は子どもや部下に使うことが多いです。

▶ 听说您考上了会计师，我也为您感到高兴！

Tīngshuō nín kǎoshàng le kuàijìshī, wǒ yě wèi nín gǎndào gāoxìng!

公認会計士に合格したと伺い、とてもうれしく思います。

“为您（你）感到高兴”の“为您（你）”はもともと「あなたのために」の意味ですが、ここでは「親身になって」「本当によかった」というニュアンスが込められています。
よく次のように使われます。
为你感到骄傲　あなたを誇りに思う
为你担心　あなたのことを心配する

9— 得知

“得知”は“听说”と同じ意味ですが、これは書き言葉で、会話ではほとんど使いません。また、“得知”の後に来る文は短く、“得知〜，我〜”の形でよく使われます。

▶ **得知您一切都好，我便放心了。**

Dézhī nín yíqiè dōu hǎo, wǒ biàn fàngxīn le。

ご無事だと伺い、安心しました。

話し言葉 听说您一切都好，我就放心了。

一言コメント

"便"は前のことを受けて、次のことを言う"就"と同じです。これは書き言葉で、会話ではあまり使われません。"听说～，我就～"、"得知～，我便～"のように文体をそろえることをお勧めします。

▶ **从王先生处得知您下周三来东京，很期待与您见面。**

Cóng Wáng xiānsheng chù dézhī nín xiàzhōusān lái Dōngjīng, hěn qīdài yǔ nín jiànmiàn。

来週の水曜日に東京にいらっしゃると王さんから伺いました。お会いするのを楽しみにしております。

話し言葉 听王先生说您下周三来东京，很期待与您见面。

一言コメント

前置詞"从"の後に来るのは場所を表す言葉ですので、"从王先生得知～"とはせず、"从王先生处得知～"としましょう。

10— 知悉

"知悉"は"得知"よりも改まった表現です。"知悉此事（この件を承知した）"のように書き言葉と組み合わせましょう。

▶ **这件事的详情，我已知悉。**

Zhèjiànshì de xiángqíng, wǒ yǐ zhīxī。

この件について詳しいことを、すでに存じております。

話し言葉 这件事，我已经听说了。

11— 听到・接到

"听说・得知・知悉"の後に文（センテンス）が来ますが、"听到""接到"の後に続くのは"〜的消息""噩耗"などの名詞を中心とした表現です。

▶ **听到李先生与世长辞的消息，我心情非常沉重。**

Tīngdào Lǐ xiānsheng yǔ shì cháng cí de xiāoxi, wǒ xīnqíng fēicháng chénzhòng。

李さんのご逝去の知らせを受け取り、呆然としています。

一言コメント

与世长辞　yǔ shì cháng cí　世を去る、逝去する

▶ **接到陈总逝世的噩耗，我感到很震惊和惋惜。**

Jiēdào Chénzǒng shìshì de èhào, wǒ gǎndào hěn zhènjīng hé wǎnxī。

陳社長ご逝去の訃報に接し、驚きとともに無念で仕方ありません。

話し言葉 听说陈总去世的消息，我感到非常震凉。

一言コメント

噩耗 èhào　訃報
震惊 zhènjīng　驚愕する
惋惜 wǎnxí　悲しみ惜しむ

1 章 気持ちの文例
2 章
3 章

12— 今后・以后

これから一緒に仕事をする相手に対して「これからはご迷惑を掛けるかもしれません」「頼りにします」という気持ちを伝えることも相手への気遣いでしょう。このとき、よく"今后""以后"を使います。また、メールの結びやチャットの終わりにもよく"今后""以后"と書きます。

▶ 今后还请您多指教！

Jīnhòu hái qǐng nín duō zhǐjiào!

今後はご教示のほどお願いいたします。

▶ 今后也请多多关照！

Jīnhòu yě qǐng duōduō guānzhào!

今後ともどうぞよろしくお願いいたします。

▶ 以后少不了要麻烦您！

Yǐhòu shǎobùliǎo yào máfan nín!

今後もいろいろとご迷惑をお掛けします。

一言コメント

"少不了"は「〜が欠かせない」「避けられない」の意味です。

▶ 以后我们常联系！

Yǐhòu wǒmen cháng liánxì!

これからも連絡をよく取り合いましょう。

▶ 希望我们今后进一步深化沟通，共同发展。

Xīwàng wǒmen jīnhòu jìn yí bù shēnhuà gōutōng, gòngtóng fāzhǎn。

今後、コミュニケーションを深め、お互いに発展することを祈念いたします。

▶ 希望我们今后也能有机会多交流。

Xīwàng wǒmen jīnhòu yě néng yǒu jīhuì duō jiāoliú。

今後も情報交換のチャンスがあればと思っております。

一言コメント

中国語の"交流"には情報交換の意味も含まれています。例えば、"交流信息(资讯)"という言い方をします。

13― 请

"请～（～してください）"は複数の機能を持っています。相手を気遣うとき
に"请～"を使うこともできます。

▶ 您在东京还希望了解什么，请随时告知。

Nín zài Dōngjīng hái xīwàng liǎojiě shénme, qǐng suíshí gàozhī。

ほかにも東京で何か調べたいことがございましたら、いつでもおっ
しゃってください。

話し言葉　您在东京还想知道什么，请随时跟我说。

> 一言コメント
>
> "告知"は書き言葉によく使われ、会話でほとんど使いません。意味は"让我
> 知道""告诉我""跟我说"です。

▶ 请您安心养病，早日恢复健康。

Qǐng nín ānxīn yǎng bìng, zǎorì huīfù jiànkāng。

安心して静養し、一日も早く健康を回復されますように。

> 一言コメント
>
> "养病"は「静養する」の意です。また、"恢复健康（健康を回復する）"の前に"早
> 日"は欠かせません。"早日"があれば、相手の健康は必ず回復できるというニュ
> アンスが入っています。

14― 不必

"不必（する必要がない）"は"不用"の意味です。これは書き言葉ですが、
会話中で使うこともあります。

▶ 需要什么尽管说，不必客气。

Xūyào shénme jǐnguǎn shuō, búbì kèqi.

何か必要なことがございましたら遠慮なくおっしゃってください。

▶ 这次会议的参加者都是熟人，你不必紧张。

Zhècì huìyì de cānjiāzhě dōu shì shúrén, nǐ búbì jǐnzhāng.

今回の会議の参加者は知り合いばかりなので、緊張しなくてもいいですよ。

15— 我会

"会"を使って「ある結果、ある状況になる」ことを表すことができます。"我会～"を使ってやるべき事を自分がきちんとやっておく意味を相手に伝えて、相手を安心させることができます。

▶ 我会安排好的，您不必担心。

Wǒ huì ānpái hǎode, nín búbì dānxīn.

私がちゃんと手配しますので、安心してください。

▶ 我会尽力做好准备的，敬请放心。

Wǒ huì jìnlì zuòhǎo zhǔnbèi de, jìngqǐng fàngxīn.

一生懸命準備しておきますので、どうぞご安心ください。

"尽力"には「力を尽くして~する」と「できる限り~する」の意味があります。

▶ 届时我会陪同您前往。

Jièshí wǒ huì péitóng nín qiánwǎng。

その節にはご同行させていただきます。

話し言葉 到时候我会陪您一起去的。

"届时"は書き言葉で、"到时候（そのときになると）"の意味です。"届时"の語感に合わせて書き言葉"前往"を使った方がいいでしょう。

1章 気持ちの文例

2章

16— 谢谢・感谢

依頼、要請、通知などの結びに中国人がよく"谢谢!"などと書きます。これは日本人の「どうぞよろしくお願いします」に近い、相手への一種の気遣いと受け取るべきでしょう。

▶ 那就请你明天来一下，谢谢！

Nà jiù qǐng nǐ míngtiān lái yíxià, xièxie!

それでは、明日来ていただきます。よろしくお願いします。

▶ 本次调查将占用您的宝贵时间，非常感谢您的大力支持！

Běn cì diàochá jiāng zhànyòng nín de bǎoguì shíjiān, fēicháng gǎnxiè nín de dàlì zhīchí!

本アンケートに貴重なお時間をいただき、ご協力に心から感謝いたします。

3章

この"将"は書き言葉によく使われる表現で、「ある結果、ある状況になる」ことを表す"会"とほぼ同じです。

▶ **这次上海出差会给您添不少麻烦，提前向您表示感谢！**

Zhècì Shànghǎi chūchāi huì gěi nín tiān bù shǎo máfan, tíqián xiàng nín biǎoshì gǎnxiè!

今回の上海出張では大変お手数をお掛けいたします。あらかじめ感謝申し上げます。

17― 向～问好

"向～问好（～によろしくお伝えください）"は相手の周りの人に気遣う表現です。

▶ **请代我向王总经理问好！**

Qǐng dài wǒ xiàng Wáng zǒngjīnglǐ wènhǎo!

私の代わりに王社長によろしくお伝えください。

▶ **伊藤总经理向您问好！**

Yīténg zǒngjīnglǐ xiàng nín wènhǎo!

伊藤社長が「よろしくお伝えください」と申しております。

18— 问候

"问候"も"问好"と同じ意味を表すことができますが、使い方は異なります。動詞として使う"问候～"のほかに、名詞として"向～表示・致以～问候"のように使うこともできます。

▶ 经理问候大家，祝大家节日快乐！

Jīnglǐ wènhòu dàjiā, zhù dàjiā jiérì kuàilè!

マネージャーから皆さまへお祝いの言葉を預かって参りました。皆さまの祝日が素晴らしい日となりますようにと。

▶ 给您送上我的节日问候，祝您新年快乐！

Gěi nín sòngshàng wǒ de jiérì wènhòu, zhù nín xīnnián kuàilè!

新年のごあいさつを申し上げます。貴殿におかれましては幸多き年となりますよう願っております。

▶ 请代我向贵部门的各位表示问候！

Qǐng dài wǒ xiàng guì bùmén de gèwèi biǎoshì wènhòu!

私の代わりに貴部署の皆さまによろしくお伝えください。

この節のまとめ＋α　気遣い

気遣いの表現は次の六つにまとめられます。

1・メール特有の表現
2・安否を問う
3・相手の近況を前向きに推量する
4・相手の近況にコメントを付ける
5・相手を安心させる
6・事前に感謝を述べる

「メール特有の表現」とは「ご無沙汰しております」のような表現です。それは、本来なら時々相手にメールを送り、安否を問うべきですが、それをまめにしなかったからお詫びとして一言を入れるのでしょう。同じ理由で、中国語のメールでは“好久没有联系了”などの表現をよく見かけます。また、初めての人にいきなりメールを送ることは不躾だと思われるので、“冒昧”などの表現を使いましょう。

「安否を問う」には、相手およびその周りの人に対して“向～问好”“问候～”“向～表示・致以～问候”という表現が使えます。また、“还好吗？”“怎么样？”“最近忙吗？”“如何？”で相手の近況を聞くことができます。

「相手の近況を前向きに推量する」には、“一定～吧”“想必”を使いましょう。

「相手の近況にコメントを付ける」前に、“听说”“得知”“知悉”“听到”“接到”などの表現を使って状況を述べることがあります。

「相手を安心させる」表現として“今后”“以后”“我会”“不必”“请”を積極的に使った方がいいでしょう。

また、相手に頼むことがあるとき、事前に"谢谢""非常感谢"などの感謝の言葉を付けた方がいいです。

　「発想＋文体」の違いを踏まえて、気遣いの表現を次の表のように分類することができます。

	気楽な会話	書く＆改まった会話	書くときのみ
メール特有の表現		好久没联系 冒昧	
安否を問う	还好吗? 怎么样? 最近忙吗?	向～问好 如何?	问候～ 向～表示～问候 向～致以～问候
前向きな推量		一定～（吧） 想必	
近況へのコメント		听说 得知 听到 接到	知悉
相手を安心させる		今后 以后 我会 请	不必
事前に感謝を述べる	谢谢	非常感谢	

1章 気持ちの文例
2章
3章

　メールを書くとき、相手によって書き方（文体）が違います。親しい仲の間なら話しているように書けばいいのですが、フォーマルなメールになると丁重な表現を選んだ方がいいでしょう。

　普通、話したままに書く表現を「話し言葉」、文章表現を「書き言葉」と分類します。しかし気を付けてほしいのは、現代中国語では「話し言葉」と「書き言葉」の違いは相対的です。「気楽な会話」表現をそのままメールに書くこともできます。一部の表現は書くとき、改まった会話でよく使われます。また、会話では聞くことがない「書くときのみ」使われる書き言葉があります。そこで、この三つの「文体」の違いを意識して各表現を分類し、表を作りました。

依頼

1— 请

人に何かを依頼するとき、"请〜"を使うのが基本です。

▶ **来东京时，请把那份文件带来。**

Lái Dōngjīng shí, qǐng bǎ nà fèn wénjiàn dàilai.

東京にいらっしゃるとき、その書類を持ってきてください。

▶ **请提供贵公司最新的商品目录、规格书和价格表。**

Qǐng tígōng guì gōngsī zuìxīn de shāngpǐn mùlù、guīgé shū hé jiàgé biǎo.

貴社の一番新しいカタログ、仕様書、価格表をいただけないでしょうか。

▶ **请尽快将报价单寄给我们。**

Qǐng jǐnkuài jiāng bàojiàdān jìgěi wǒmen.

見積書を至急送付願います。

一言コメント

この"将"は"把（〜を）"に当たり、書き言葉によく使われます。

尽快　jǐnkuài　　尽可能快一点儿。

しかし口語では"尽可能早一点儿"の方が丁寧です。

▶ **请转告他，我将于 4 月 5 日离京。**

Qǐng zhuǎngào tā, wǒ jiāng yú sìyuè wǔ rì lí jīng.

私は 4 月 5 日に北京を離れると彼にお伝えください。

話し言葉　请告诉他，我 4 月 5 日离开北京。

この "将" は予定を表す "要""会" に当たり、書き言葉によく使われます。
この "于" も書き言葉で、時間、場所を表す前置詞の "在" に当たります。

2— 想请

"想请〜" は「〜していただきたいと思います」の意味です。"请〜" に "想" を足すと、親しさを込めたニュアンスになります。それは、"请〜（〜してください）" は丁寧な言い方ですが、命令のニュアンスが入っているからです。目上の方に使うと、場合によっては失礼になり、下の人に使うと、場合によって冷たく感じられることもあります。一方、"想请〜" なら、"请〜" は「お願いする」「していただく」の意に転じます。よって命令のニュアンスを薄めることができます。

▶ **想请您帮我们安排一下。**
Xiǎng qǐng nín bāng wǒmen ānpái yíxià.
手配をお願いできないでしょうか。

▶ **想请贵公司协助我们了解一下手机市场的情况。**
Xiǎng qǐng guì gōngsī xiézhù wǒmen liǎojiě yíxià shǒujī shìchǎng de qíngkuàng.
貴社に携帯市場調査の協力をお願いしたいと考えております。

3— 还请

"还请〜" はメールや改まった会話の中でよく使われる表現です。場合によって、親しさ、婉曲、丁重のニュアンスが含まれています。

▶ **我们无法马上答复，还请您稍等一下。**

Wǒmen wúfǎ mǎshàng dáfù, hái qǐng nín shāo děng yíxià.

すぐにお返事できませんので、もう少しお待ちください。

▶ **还请您在百忙之中过目。**

Hái qǐng nín zài bǎi máng zhī zhōng guòmù.

大変お忙しいところ恐縮ですが、お目通しいただけますでしょうか。

話し言葉 我知道您很忙，但还是想请您看一下。

> **一言コメント**
>
> "过目"は「目を通す」の意味です。"请你过目。"は"请您看一下。"の意味
> で、書くとき、改まった会話のときによく使われます。

4— 敬请

"敬请"は書き言葉です。「謹んで〜お願い申し上げます」の意味で目上の方
に使います。また、通知、通告などの不特定多数に宛てての文章によく見かけ
ます。

▶ **敬请您出席周六的派对。**

Jìngqǐng nín chūxí zhōuliù de pàiduì.

土曜日のパーティーにご出席くださいますよう、お願いいたします。

▶ **敬请莅临本次会议。**

Jìngqǐng lìlín běn cì huìyì.

今回の会議にご出席くださいますよう、お願いいたします。

話し言葉 请大家一定参加这次会议。

> **一言コメント**
>
> "莅临"は「来る」「出席する」の意です。"光临"よりも丁重な表現です。

▶ 敬请期待。

Jìngqǐng qīdài。

どうぞご期待ください。

5— 恳请

"恳请"は「懇（ねんご）ろにお願いします」の意味です。

▶ 我刚接手这项工作，恳请各位指教。

Wǒ gāng jiēshǒu zhè xiàng gōngzuò, kěnqǐng gèwèi zhǐjiào。

なにぶん初めての仕事ですので、ご指導のほどよろしくお願い申し上げます。

一言コメント

接手　jiēshǒu　引き継ぐ

6— 麻烦

"麻烦"は「面倒」の意味です。"给你添麻烦了"と"麻烦你了"は「お手数をお掛けしました」で、用件を頼む前にも、頼んだ後にも使えます。"麻烦你〜"は用件を頼む前にしか使えません。「お手数ですが、〜してください」の意味です。

▶ 麻烦你把这份文件复印十份。

Máfan nǐ bǎ zhè fèn wénjiàn fùyìn shí fèn。

お手数ですが、この資料を 10 部コピーしてください。

▶ **见到李先生，麻烦您向他打听一下价格。**

Jiàndào Lǐ xiānsheng, máfan nín xiàng tā dǎtīng yíxià jiàgé.

お手数をお掛けしますが、李さんに会えたら、価格を聞いていただけ
ますか。

一言コメント

"向～打听"の"打听 dǎtīng"は「尋ねる」です。「話す」と関係ある動詞は
よく前置詞の"向"や"跟"と一緒に使われます。例えば、"向～说明（～に説
明する）""向～介绍（～に紹介する）""跟～说（～に言う）""跟～解释（～に
説明する）"。

▶ **可否麻烦您通知李先生一下。**

Kěfǒu máfan nín tōngzhī Lǐ xiānsheng yíxià.

お手数ですが、李さんにお知らせいただけないでしょうか。

 ## 7— 烦请

"烦请"は書き言葉で、会話の中ではほとんど使いません。意味は"麻烦您"
と同じです。

▶ **烦请回复，谢谢！**

Fánqǐng huífù, xièxie!

お手数ですが、お返事お願いいたします。よろしくお願いします。

話し言葉 麻烦您给我回信，谢谢！

▶ **烦请您转告王总，多谢！**

Fánqǐng nín zhuǎngào Wáng zǒng, duōxiè !

お手数ですが、王社長にお伝えください。ありがとうございます。

8— 帮我・为我

"帮我"は本来「私を手伝う」ですが、"帮我＋動詞"として使う場合、「〜してもらう」という意味になります。この使い方は"为我"とほぼ同じです。"为我"よりも"帮我"の方がより口語的です。

▶ **请帮我查一下好吗？**
Qǐng bāng wǒ chá yíxià hǎo ma?
ちょっと調べてもらえますか？

▶ **请为我们安排一辆小巴。**
Qǐng wèi wǒmen ānpái yí liàng xiǎobā。
小型バスを手配していただけますか。

> 一言コメント
>
> 安排　ānpái　手配する

9— 替我・代我

"替我""代我"は「私の代わりに〜する」の意味です。これらの表現を入れて、「〜してもらえる」「〜していただく」のようなニュアンスを強めることができます。

▶ **请替我问一下陈经理什么时候有空。**
Qǐng tì wǒ wèn yíxià Chén jīnglǐ shénme shíhou yǒukòng。
陳マネージャーにいつ時間があるか聞いてもらえますか。

▶ **请代我问候王总经理。**
Qǐng dài wǒ wènhòu Wáng zǒngjīnglǐ。
王社長によろしくお伝えいただけますか。

10— 好吗?

話し言葉の"～好吗?"はメールでもよく使われます。やや命令のニュアンスがある"请～"と違って、依頼する相手に"不好（だめ）"という選択肢を残しておく"～好吗?"を使うと印象がいいでしょう。

▶ 你帮我去取一下好吗?

Nǐ bāng wǒ qùqǔ yíxià hǎo ma?

取りに行っていただけますか？

11— 能不能

"能不能～?"は相手の都合を聞く表現ですが、依頼をするときにも使えます。

▶ 时间很紧，能不能在 4 号以前给我答复?

Shíjiān hěn jǐn, néng bu néng zài sì hào yǐqián gěi wǒ dáfù?

時間が迫っておりますので、4日までにお返事をいただけますか？

▶ 您这周能不能抽出一点时间, 做一个员工培训讲座?

Nín zhèzhōu néng bu néng chōuchū yìdiǎn shíjiān, zuò yí ge yuángōng péixùn jiǎngzuò?

今週少しお時間をいただけませんか？　社員向けの研修講座をお願いしたいのですが。

▶ 能不能请您为我写一份推荐信?

Néng bu néng qǐng nín wèi wǒ xiě yí fèn tuījiàn xìn?

推薦書を書いていただけますでしょうか？

一言コメント

"能不能"と"请您"を一緒に使うとより丁重になります。

12— 能否

　"能否"は"能不能"と同じですが、書き言葉に使われます。類似表現には"是否""可否"などがあります。もっと丁重な言い方は"不知能否"です。この場合、ほかの表現も合わせて書き言葉の表現を使いましょう。

▶ 能否将商品目录寄到日本？

Néngfǒu jiāng shāngpǐn mùlù jì dào Rìběn?

カタログを日本に送っていただけますか？

話し言葉　能不能把目录寄到日本？
　　　　　　把目录寄到日本可以吗？

▶ 不知您能否安排出一点时间与我们见面？

Bùzhī nín néngfǒu ānpái chū yìdiǎn shíjiān yǔ wǒmen jiànmiàn?

お目に掛かる時間を少し頂戴できますか？

話し言葉　您有时间和我们见面吗？

　　　　　　　　　　　　　　　　　　　　　　　　　一言コメント

　"安排出时间"は「時間を用意する」の意です。下記の類似表現も覚えておきましょう。

找个时间	zhǎo ge shíjiān	時間を見つける
抽出时间	chōuchū shíjiān	忙しい中、時間を作る
挤出时间	jǐchū shíjiān	大変忙しい中、時間を作る

▶ 不知能否在情人节之前交货？

Bùzhī néngfǒu zài qíngrénjié zhīqián jiāohuò?

バレンタイン前に納品いただけるとありがたいのですが、いかがでしょうか？

話し言葉　可以在情人节之前交货吗？

　"不知能否〜"は直訳すると「〜ができるかどうかを知りませんが」となります。

　情人节　qíngrénjié　バレンタイン

13— 方便

　"方便"は「都合がいい」の意味です。相手の都合を考慮しながら依頼をするときにこの表現を使いましょう。

▶ 您方便的时候，请给我打个电话。

Nín fāngbiàn de shíhou, qǐng gěi wǒ dǎ ge diànhuà.

お時間があるときに、電話をいただけますか。

▶ 方便的话，请直接来酒店。

Fāngbiàn de huà, qǐng zhíjiē lái jiǔdiàn.

よろしければ、直接ホテルに来てください。

14— 最好

　副詞の"最好"には「できれば」「可能ならば」の意味があります。"最好"を入れると、相手の都合にも配慮しながらの依頼となり、柔らかい表現となります。

▶ 你最好先打个电话过来。

Nǐ zuìhǎo xiān dǎ ge diànhuà guòlai.

先に電話してもらえると助かります。

▶ **见面时，最好能够详细探讨一下定价问题。**

Jiànmiàn shí, zuìhǎo nénggòu xiángxì tàntǎo yíxià dìngjià wèntí.

打ち合わせのとき、価格について詳しくご相談できれば助かります。

15— 一定

この"一定"は「ぜひ〜してください」です。この表現には「約束しますね」というニュアンスがあります。親しい仲では"请你〜"に近い意味で使われます。

▶ **明天你一定要来！**

Míngtiān nǐ yídìng yào lái!

明日、ぜひ来てください。

16— 务必

▶ **如有不妥之处，请务必告知！**

Rú yǒu bùtuǒ zhī chù, qǐng wùbì gàozhī!

もし適切でないところがあれば、ぜひ教えていただけないでしょうか。

この節のまとめ＋α　依頼

依頼表現は次の三つにまとめられます。

　１・基本的な依頼
　２・自分の希望として依頼を述べる
　３・相手への配慮を入れる

　「基本的な依頼」は"请（〜してください）"を使います。ただ、"请"は丁寧な表現ですが、場合によっては、命令する、強制するニュアンスが含まれることがあります。丁重かつ厳しくないメッセージを送りたいときには、もう少し工夫した方がいいでしょう。

　工夫の一つに「自分の希望として依頼を述べる」方法があります。例えば、"想请""还请"などの表現を使います。または、"恳请""帮我""给我""代我""替我"のような表現を入れて、感謝の意味を込めて依頼します。

　もう一つの工夫として「相手への配慮を述べる」方法があります。例えば、"麻烦您""烦请"という表現で相手に面倒を掛けると断りを入れます。または、"好吗？"を使って相手から許可を取る形で依頼します。あるいは、"能不能""能否""不知能否"を使って相手の都合を聞く形で依頼します。あるいは、"方便的话""最好"を使って相手の都合を尊重した上で依頼します。約束をする"一定""务必"も依頼の効果があると覚えておきましょう。
　以上の表現をうまく組み合わせて書くともっと良い効果があるでしょう。
　「発想＋文体」の違いを踏まえて、依頼表現を次の表のように分類することができます。

	気楽な会話	書く＆ 改まった会話	書くときのみ
基本的な依頼表現		请	
自分の希望		想请 还请 帮我 为我 替我 代我	
相手への配慮	好吗 可以吗 行吗 一定	还请 麻烦您 能不能 方便的话 最好	敬请 恳请 烦请 能否 不知 可否 务必

提案

1― 推荐

相手に場所、製品、人などを勧めるとき、"我推荐～""向您推荐～"はすぐ思い付く表現でしょう。

▶ **如果您想了解日本的流行文化，我推荐您去竹下通。**
Rúguǒ nín xiǎng liǎojiě Rìběn de liúxíng wénhuà, wǒ tuījiàn nín qù Zhúxià tōng.
日本の流行を知りたいなら、竹下通りをお勧めします。

2― 建议

"我建议～"にも「勧める」という意味があります。上記の"推荐"は主に場所、製品、人に使いますが、"建议"は「～することを勧める」と動作に焦点を当てます。

▶ **建议贵公司采用我们开发的这款软件。**
Jiànyì guì gōngsī cǎiyòng wǒmen kāifā de zhèkuǎn ruǎnjiàn.
私たちが開発したソフトを、貴社でご採用いただけないかと思っております。

▶ **鉴于目前情况，我公司建议从明年起使用新的合同。**
Jiànyú mùqián qíngkuàng, wǒ gōngsī jiànyì cóng míngnián qǐ shǐyòng xīn de hétong.
現在の状況を鑑みて、弊社は来年から新たに契約を結ぶことを提案いたします。

話し言葉 从现在的情况来看，我们公司建议明年使用新的合同。

"鉴于"は「〜を鑑みて」の意味で、書き言葉として、または改まったときに使われます。それに合わせて、"现在"も目下（もっか）という改まった表現の"目前"にした方がいいでしょう。

▶ **建议您去展厅参观一下。**

Jiànyì nín qù zhǎntīng cānguān yíxia。

ショールームを見学した方がいいと思います。

3— 可以

"可以"は普通許可の意味で使いますが、提案の意で使うこともあります。「〜をしたらどうですか？」という意味で、"建议〜"よりも柔らかく感じられます。

▶ **如果您觉得有不清楚的地方，我们可以见面再商量。**

Rúguǒ nín juéde yǒu bù qīngchǔ de dìfang, wǒmen kěyǐ jiànmiàn zài shāngliang。

ご不明な点ございましたら、お会いしてご説明いたしましょうか。

▶ **我觉得可以包装得简单一些，不知您的看法如何。**

Wǒ juéde kěyǐ bāozhuāng de jiǎndān yìxiē, bùzhī nín de kànfǎ rúhé。

包装は少し簡易にしても構わないと考えておりますが、いかがでしょうか。

話し言葉 我觉得可以包装得简单一些，您觉得怎么样？

▶ **如果您觉得难以接受，我们可以这样，……。**

Rúguǒ nín juéde nányǐ jiēshòu, wǒmen kěyǐ zhèyàng,……。

もし受け入れづらいようでしたら、こうしてはいかがでしょうか……。

"可以这样"は「こうすればいかがでしょうか」の意味で、提案するときに便利な表現です。"难以"は「〜するのが難しい」「〜しがたい」の意です。

4— 不妨

"不妨"は「差し支えなければ、〜をしたらどうですか」という意味で、大変丁重な表現です。"可以"とほぼ同じ使い方ですが、書き言葉としてしか使われません。

▶ **您不妨先试用一段时间。**

Nín bùfáng xiān shìyòng yí duàn shíjiān.

しばらく試用してみてはいかがでしょうか。

▶ **新宿很适合购物，您不妨去那里逛逛。**

Xīnsù hěn shìhé gòuwù, nín bùfáng qù nàli guàngguang.

新宿はショッピングにいいですよ。見に行かれてはいかがでしょうか。

5— 希望・望

"希望〜"は複数の役割があり、提案もその一つです。この"希望〜"はよく"能""能够"と一緒に使います。例えば、行動を促す"希望您来看看（見に来てほしいです）"に"能"を付けて"希望您能来看看（見に来られたら嬉しいです）"と書くと、結果を期待するニュアンスに変わります。押し付ける感じを避けることができます。

▶ **希望贵公司能同意我们的方案。**

Xīwàng guì gōngsī néng tóngyì wǒmen de fāng'àn.

貴社が私どもの案にご賛同いただけるよう、期待しております。

▶ **希望贵公司能够在价格方面做出一点让步。**

Xīwàng guì gōngsī nénggòu zài jiàgé fāngmiàn zuòchū yìdiǎn ràngbù.

価格について、少しご検討いただけないでしょうか。

一言コメント

"做出让步"は"让步"と同じ意味ですが、動詞"让步"の前に形式的な動詞"做出"を加えることは、書き言葉でよくあります。

▶ **关于上述提议，希望贵方予以商讨。**

Guānyú shàngshù tíyì, xīwàng guì fāng yǔyǐ shāngtǎo.

前述した提案に対して、ご検討いただければ幸いです。

話し言葉 希望你们商讨一下上述提议。

一言コメント

"商讨"は動詞の「検討する」の意です。書き言葉で、"商讨"に"予以"を付けて"予以商讨"と書くことがよくあります。

この節のまとめ＋α　提案

　提案の表現は次の三つにまとめられます。

　1・ストレートに提案する
　2・やんわり提案する
　3・希望として述べる

　「ストレートに提案する」とは"推荐""建议"を使って勧めることです。"推荐"は場所、製品、人などに、"建议"は行動に焦点を当てるという違いがあります。多くの場合、"推荐"の後に名詞が来ますが、"建议"の後に動詞を中心とする短文が来ます。たまに、"推荐"の後にも「動詞＋名詞」が来ることがあります。この場合でも名詞に焦点が当たることは変わりません。

　「やんわり提案する」とは、"可以""不妨"を使って勧めることです。"可以"は「それをしてもいいですよ」という意味から転じた表現ですので、婉曲的な表現です。かなり丁重な表現として"不妨"があります。

　「希望として述べる」とは、"希望""望"を使って勧めることです。この表現で提案を切り出すと押し付ける感じを避けることができます。この場合、"能""能够"と一緒に使うとさらに効果的です。
　「発想＋文体」の違いを踏まえて、依頼表現を次の表のように分類することができます。

	気楽な会話	書く＆改まった会話	書くときのみ
ストレートに提案		推荐 建议	
やんわりと提案	怎么样	可以	不妨
希望として述べる	希望（能够）		望（能够）

誘い

1― 怎么样

"怎么样?（どうですか？）"は日常会話の表現です。メールや SNS にもよく使われます。

▶ **今晚我们一起去吃饭怎么样?**
Jīnwǎn wǒmen yìqǐ qù chīfàn zěnmeyàng?
今晩、ご一緒にお食事でもいかがでしょうか？

2― 如何

"如何?"は"怎么样?"と同じ意味の書き言葉ですが、簡潔に書けるので、メールや SNS にもよく使われます。

▶ **九点开始如何?**
Jiǔ diǎn kāishǐ rúhé?
九時からどう？

3― 有兴趣・有时间

"有兴趣～吗?（～に興味ありますか？）""有时间～吗?（～に時間がありますか？）"は相手の気持ち・スケジュールに配慮しながら誘う表現です。

▶ **下周五有个聚会，有兴趣参加吗？**

Xiàzhōuwǔ yǒu ge jùhuì, yǒu xìngqu cānjiā ma?

来週金曜日に飲み会があるのですが、ご興味はございますか？

▶ **我想陪中国客人去镰仓，有时间一起去吗？**

Wǒ xiǎng péi Zhōngguó kèrén qù Liáncāng, yǒu shíjiān yìqǐ qù ma?

中国人のお客さんを鎌倉へ案内しますが、一緒に行く時間はありますか？

4— 吧

"吧（〜しよう！）"を使うと、相手をストレートに誘うことになります。親しい仲ではよく使われます。

▶ **我有两张展览会的票，我们一起去吧。**

Wǒ yǒu liǎng zhāng zhǎnlǎnhuì de piào, wǒmen yìqǐ qù ba。

展示会のチケットを 2 枚持っているので、一緒に行きませんか。

▶ **这件事还是面谈为好，我们见个面吧。**

Zhè jiàn shì háishì miàntán wéihǎo, wǒmen jiàn ge miàn ba。

この件は直接相談した方がいいと思います。打ち合わせをしましょう。

話し言葉 这件事还是当面谈比较好，我们见个面吧。

> **一言コメント**
>
> "〜为好　wéihǎo"の"为"は「〜は〜である」の意です。話し言葉では"〜为好"は"〜比较好"に当たります。

5— 邀（请）・诚邀

正式に招待する場合は"邀请"を使います。改まった表現では、"特邀""诚邀"と書きます。

▶ **特邀请三位领导来日本考察。**

Tè yāoqǐng sān wèi lǐngdǎo lái Rìběn kǎochá。

3 名の役員の方を日本視察にお招きいたします。

▶ **如果您有时间，诚邀您出席今日的宴会。**

Rúguǒ nín yǒu shíjiān, chéngyāo nín chūxí jīnrì de yànhuì。

お時間がございましたら、今度のパーティーにご出席いただければと思います。

6— 请

"请～（～してください）"を使って人を誘うこともできます。この"请～"は会議の知らせなどにも使われます。

▶ **可否请您在会上致辞？**

Kěfǒu qǐng nín zài huì shang zhìcí?

会議であいさつの言葉を頂戴できないでしょうか？

▶ **想请您来我们公司洽谈一下。**

Xiǎng qǐng nín lái wǒmen gōngsī qiàtán yíxià。

弊社に足をお運びいただき、相談させていただけないかと思っております。

▶ **如有机会，请一定来日本了解一下市场情况。**

Rú yǒu jīhuì, qǐng yídìng lái Rìběn liǎojiě yíxià shìchǎng qíngkuàng.

機会があれば、ぜひ日本にいらして市場状況をお調べください。

▶ **研讨会将于 12 月 1 日至 12 月 3 日召开，敬请莅临。**

Yántǎohuì jiāng yú shíèr yuè yī rì zhì shíèr yuè sān rì zhàokāi, jìngqǐng lìlín.

シンポジウムは 12 月 1 日から 12 月 3 日まで開催されますが、会議へのご出席、よろしくお願い申し上げます。

話し言葉 12 月 1 日至 12 月 3 日召开研讨会，请您参加。

一言コメント

"莅临"はお知らせなどによく使われる表現です。

▶ **公司决定于 7 月 4 日至 8 日期间举办学习班，请相关人员报名参加。**

Gōngsī juédìng yú qī yuè sì rì zhì bā rì qī jiān jǔbàn xuéxíbān, qǐng xiāngguān rényuán bàomíng cānjiā.

7 月 4 日から 8 日まで研修セミナーを行うことが決定されました。関係者の申し込みとご参加をお願い申し上げます。

7— 希望

この"希望"は「〜になるといいですね」の意味で、相手を誘うときにも使えます。"请"よりもやや婉曲な表現です。また、"希望我们""希望我能"のように自分に対して使うこともできます。

▶ **这是一个非常有前途的项目，希望得到贵公司的支持。**

Zhè shì yí ge fēicháng yǒu qiántú de xiàngmù, xīwàng dédào guì gōngsī de zhīchí

とても将来性のある企画と信じております。お力添えいただければ幸いです。

▶ **希望能与王总经理本人见面，进一步商讨今后的合作计划。**

Xīwàng néng yǔ Wáng zǒngjīnglǐ běnrén jiànmiàn, jìn yí bù shāngtǎo jīnhòu de hézuò jihuà.

王社長に直接お目に掛かり、今後の協力関係について、さらに検討できれば幸いです。

一言コメント

中国語の"商"はもともと「話し合う」意味です。"商讨（検討する）""商谈（相談する）""商量（相談する）"は日本語の「商談」とは違います。日本語の「商談」に当たる中国語は"洽谈"です。

8— 欢迎

"欢迎～"には「ようこそいらっしゃいました」とは別に、人を誘うときの「どうぞいらしてください」という意味もあります。

▶ **我们对您的提议很有兴趣，欢迎您来公司做一下说明。**

Wǒmen duì nín de tíyì hěn yǒu xìngqu, huānyíng nín lái gōngsī zuò yíxia shuōmíng.

ご提案に興味があります。弊社まで説明に来ていただけませんか。

▶ 热烈欢迎您参加我们下次的酒会。

Rèliè huānyíng nín cānjiā wǒmen xiàcì de jiǔhuì.

ぜひ次回の飲み会へのご参加を心よりお待ちしております。

▶ 欢迎您来大阪考察，不知什么时候方便？

Huānyíng nín lái Dàbǎn kǎochá, bùzhī shénme shíhou fāngbiàn?

ぜひ大阪に視察にいらしてください。いつ頃ならご都合がよろしいで
しょうか？

話し言葉 欢迎您来大阪考察，您什么时候来比较方便？

一言コメント

"不知什么时候方便？"は改まった表現です。直訳すると「いつご都合がよい
かを知りませんが」となりますが、実は「いつご都合がいいですか？」と聞い
ています。

▶ 欢迎您陪贸易公司的客人一起来日本。

Huānyíng nín péi màoyì gōngsī de kèrén yìqǐ lái Rìběn.

商社の方と一緒に、ぜひ日本にいらしてください。

▶ 下述时间，公司将邀请研修生举办联欢会。欢迎
大家踊跃参加。

Xiàshù shíjiān, gōngsī jiāng yāoqǐng yánxiū shēng jǔbàn liánhuān huì.
Huānyíng dàjiā yǒngyuè cānjiā.

下記日程にて研修生との親睦会が開かれます。皆さん、ふるってご参
加ください。

一言コメント

"踊跃〜"は「ふるって〜する」です。次のような関連表現があります。
踊跃发言　yǒngyuè fāyán　　積極的に発言する
踊跃报名　yǒngyuè bàomíng　ふるって応募する

9— 为盼

"〜为盼"は招待状、知らせなどによく使われる表現です。"盼"とは"盼望（期待する）"の意味です。" 为 wéi"は「〜は〜である」の意です。

▶ **本次答谢宴特邀王科长参加，望出席为盼！**

Běn cì dáxièyàn tèyāo Wáng kēzhǎng cānjiā, wàng chūxí wéipàn!

このたびは返礼の宴への王課長のご参加をお願い申し上げます。ご出席いただければ幸いです。

10— 很遗憾

誘いをやんわり断りたいとき、"很遗憾"を付けましょう。

▶ **真不巧，那天我跟朋友有约在先，很遗憾不能参加。**

Zhēn bùqiǎo, nàtiān wǒ gēn péngyou yǒu yuē zài xiān, hěn yíhàn bù néng cānjiā.

あいにくその日は友人との先約がありますので、残念ながら参加できません。

▶ **很遗憾，周一我们安排不出时间与您见面，十分抱歉！**

Hěn yíhàn, zhōuyī wǒmen ānpái bùchū shíjiān yǔ nín jiànmiàn, shífēn bàoqiàn!

月曜にお目に掛かる時間が作ることができなく、大変申し訳ありません。

11— 不必

"不必"は「～する必要がない」という意味で、誘いを断るときにも使えます。

▶ **我公司不需要这类商品，不必浪费您的时间了。谢谢！**

Wǒ gōngsī bùxūyào zhè lèi shāngpǐn, búbì làngfèi nín de shíjiān le。
Xièxie!

弊社はこれらの商品を必要としておりません。お時間を無駄にさせたくありませんので。　よろしくお願いします。

この節のまとめ＋α　誘い

誘いの表現は次の三つにまとめられます。

1・都合などをうかがう
2・ストレートに誘う
3・希望として述べる

「都合などをうかがう」とは、"怎么样""如何"を使って、相手の気持ちを聞くこと、"有时间吗?""有兴趣吗?"で相手の都合をうかがうことです。

「ストレートに誘う」場合、親しい仲では口語的に"～吧"を使いましょう。より改まった誘い方に"邀（请）""诚邀""请""欢迎"を使うことができます。

また、「希望として述べる」場合、"希望""为盼"を使いましょう。"～为盼"は"希望～"と同じ意味ですが、手紙やメールなどでしか使わない書き言葉です。

相手の誘いを断る場合、"很遗憾""不必""不用"を使いましょう。

「発想＋文体」の違いを踏まえて、依頼表現を次の表のように分類することができます。

	気楽な会話	書く＆改まった会話	書くときのみ
都合などをうかがう	怎么样	有时间吗 有兴趣吗	如何
ストレートに誘う	吧	邀请 请 欢迎	
希望として述べる		希望	为盼
誘いを断る	不用 不巧	很遗憾 不必 抱歉	

1
章

気持ちの文例

2
章

3
章

感謝

1— 谢谢

人に感謝するときに、"谢谢"を使います。親しい人には"谢谢了（啦）!""多谢了（啦）!"と書いてもいいですが、少し距離がある人には"谢谢您!""谢谢＋（誰）"と書くと無難でしょう。

▶ 谢谢王总！
Xièxie Wáng zǒng!
王社長、ありがとうございます。

▶ 我想送一点小礼物谢谢他。
Wǒ xiǎng sòng yìdiǎn xiǎo lǐwù xièxie tā。
彼に少しお礼がしたいのですが。

一言コメント

この"谢谢"は品物や行動で感謝の意を表す意味です。

2— 感谢

"谢谢"はよく口語で使われますが、より丁重に書きたいときは、"感谢"を使いましょう。

▶ 您安排得如此周到，真是太感谢了！
Nín ānpái de rúcǐ zhōudào, zhēnshi tài gǎnxiè le!
行き届いた手配、どうもありがとうございます。

安排得这么周到，真是太谢谢您了。

一言コメント

"如此"は"这么（こんなに）"に当たり、書き言葉でよく使われます。

▶ **非常感谢您的盛情款待。**

Fēicháng gǎnxiè nín de shèngqíng kuǎndài。

温かいおもてなしをありがとうございます。

一言コメント

"盛情款待"は「料理をたくさん振る舞って相手をもてなす」ときによく使われます。この一文は「ご馳走さまでした。大変おいしくいただきました」の意味になります。

▶ **非常感谢您对本公司的打印机产品感兴趣。**

Fēicháng gǎnxiè nín duì běn gōngsī de dǎyìnjī chǎnpǐn gǎn xìngqu。

弊社のプリンター製品に関心をお寄せいただき、誠にありがとうございます。

▶ **衷心感谢您的支持和关照。**

Zhōngxīn gǎnxiè nín de zhīchí hé guānzhào。

大変お世話になりました。心から感謝いたします。

一言コメント

"衷心"は「衷心より」「心から」「心を込めて」の意味です。〈"支持"には仕事上で協力する、サポートする、応援する、見守るなど幅広い意味が含まれています。〉 ▶ p.48

3— 向～表示～感谢

"向～表示～感谢"はより改まった表現です。目上の方や多くの人々に対して使うのがいいでしょう。書き言葉でよく使われますが、スピーチなどで使うこともあります。

▶ **再次向您表示感谢!**
Zàicì xiàng nín biǎoshì gǎnxiè!
改めて感謝の意を表します。

▶ **借此机会, 我想向所有设计人员表示诚挚的感谢!**
Jiè cǐ jīhuì, wǒ xiǎng xiàng suǒyǒu shèjì rényuán biǎoshì chéngzhì de gǎnxiè!
この機会に、設計部門の全員にお礼を申し上げます。

4— 向～表示・致以・表达～谢意

"谢意"とは「感謝の意」です。"表示""致以""表达"などの動詞と一緒に使うことができます。また"致谢"という表現もあります。

▶ **在此向您致以衷心的谢意!**
Zàicǐ xiàng nín zhìyǐ zhōngxīn de xièyì!
ここで心から感謝を申し上げます。

▶ **请替我向陈总经理致谢。**
Qǐng tì wǒ xiàng Chén zǒngjīnglǐ zhìxiè。
陳社長に感謝の意をお伝えください。

話し言葉 请替我谢谢陈总经理。

▸ **言语已不足以表达我对您的谢意。**

Yányǔ yǐ bùzú yǐ biǎodá wǒ duì nín de xièyì.

感謝してもしきれません。

一言コメント

"不足以～" は「～するには不十分である」、この一文は「あなたへの感謝は言葉で言い表せないほどです」のように使います。

5— 帮了～忙

"帮了～的忙" は「助けてくれた」「助かった」の意味で、口語でよく使われます。メールや SNS に書くこともできます。

▸ **这次您迅速地完成了设计工作，真是帮了我的大忙。**

Zhècì nín xùnsù de wánchéng le shèjì gōngzuò, zhēnshi bāng le wǒ de dàmáng.

この度、早々にデザインしていただき、大変助かりました。

6— 帮助

"帮助" は「助ける」（動詞）です。また、"给了～帮助" "在～的帮助下" のように "帮助" を名詞として使うこともできます。"帮了～的忙" よりも改まった表現となります。

▸ **在工作上您给了我很大的帮助，我由衷地感谢您！**

Zài gōngzuò shang nín gěi le wǒ hěn dà de bāngzhù, wǒ yóuzhōng de gǎnxiè nín!

在職中は、大変お世話になりました。心から感謝いたします。

"帮助"と"帮忙"の違いについて、同じく動詞として使う場合、"你帮助了我"と"你帮了我的忙"となり語順が異なります。また、"帮助"は名詞になれますが、"帮忙"は名詞にはなれません。

▶ **在您的帮助下，我们顺利地完成了任务。**

Zài nín de bāngzhù xià, wǒmen shùnlì de wánchéng le rènwu.

おかげさまで、任務を順調に果たせました。

7— 靠

「相手に要件を頼むとき"就靠～了"を使うことがありますが、この場合は、「お願いします」の意味になります。

▶ **这件事，就靠你了！**

Zhèjiàn shì, jiù kào nǐ le!

この件は、お願いするよ！

8— 功劳

「～のおかげです」はよく"都是～的功劳"と訳されます。

▶ **这项计划得以成功，都是小王的功劳！**

Zhè xiàng jì huá déyǐ chénggōng, dōu shì Xiǎo Wáng de gōngláo!

今回のプロジェクトの成功は、すべて王さんのおかげです。

"得以" は「〜することができた」という意です。書き言葉では、"〜成功了"
をよく "〜得以成功" と書きます。例えば次のように使います。

| 得以实现 | déyǐ shíxiàn | 実現された |
| 得以完善 | déyǐ wánshàn | 整えられた |

9― 多亏

"多亏" にも「〜のおかげです」の意味があります。この表現には「悪いこ
とを避けた」のニュアンスが含まれています。

▶ 多亏有您的帮助，我们才能按时交货，我在此深表感谢。

Duōkuī yǒu nín de bāngzhù, wǒmen cái néng ànshí jiāohuò, wǒ zàicǐ
shēnbiǎo gǎnxiè.

おかげさまで、時間通りに納品できました。ここで深く感謝いたします。

この "多亏" には「納品が遅れずに済んだ」というニュアンスが含まれてい
ます。

▶ 多亏您帮忙订票，我们的这次旅行才能这么顺利。

Duōkuī nín bāngmáng dìng piào, wǒmen de zhècì lǚxíng cái néng zhème shùnlì.

チケットを手配してくださったおかげで、今度の旅行はとても順調で
した。

話し言葉 谢谢您帮忙订票，我们这次旅游非常顺利。

この "多亏" には「トラブルなく済んだ」というニュアンスが含まれています。

1 章
気持ちの文例

2 章

3 章

10— 让您破费了

"让您破费了"は「散財させた」の意で、感謝の表現です。

▶ **非常感谢您的精美礼物，太让您破费了！**

Fēicháng gǎnxiè nín de jīngměi lǐwù, tài ràng nín pòfèi le!

素敵なプレゼントをご用意くださり、ありがとうございます。

11— 过意不去

"过意不去"は「すまない」「恐縮に思う」の意で"不好意思""对不起""很抱歉"の意味に近いのですが、自分の過ちを人に詫びる場合よりも、相手からもらった物、してもらった事に対して、お返しをしないといけないという不安を抱いている場合によく使われます。

▶ **这么贵重的礼物，实在太让您破费了，我真过意不去！**

Zhème guìzhòng de lǐwù, shízài tài ràng nín pòfèi le, wǒ zhēn guòyìbúqù!

高価な品を頂戴しました。散財させてしまい、大変申し訳ありません。

話し言葉 这么好的礼物，您花了很多钱吧。太不好意思了。

一言コメント

"贵重"は日本語の「貴重」と違い、「高価な」という意味があります。例えば、相手がくれたプレゼントは、貴重ですけれども普通の値段の物であれば、"珍贵的礼物（貴重な品物）"と言いましょう。"贵重的礼物（高価な品物）"と言ってしまうと、相手が気まずく思います。

▶ **您寄来这么贵重的礼物，让我很过意不去。**

Nín jì lái zhème guìzhòng de lǐwù, ràng wǒ hěn guòyìbúqù.

高価な品物をいただき、恐れ入ります。

この節のまとめ＋α　感謝

感謝の表現は次の四つにまとめられます。

1・直接感謝する
2・自分のプラスになったことを強調する
3・相手のマイナスになったことを強調する
4・謝る形

「直接感謝する」基本的な表現は"谢谢～"です。親しい仲では、よく"谢谢了（啦）"と書きます。より改まった表現は、"感谢～"です。書き言葉として、よく"表示～的感谢""向～表示・致以・表达～谢意"というような使い方をします。

「自分のプラスになったことを強調する」表現は、口語にも使う"帮了～的忙"から、より改まった"得到了～的帮助""在～的帮助下"までいろいろあります。また、頼りになったという意の"靠"、相手の行動によって自分が悪い結果を避けることができたというニュアンスが含まれている"多亏"を使って相手への感謝を表すこともできます。

「相手のマイナスになったことを強調する」表現には、例えば、相手の時間や金銭などを使わせてしまうことに言及する"让您破费了"があります。

「謝る形」で感謝を表す表現は、"不好意思""过意不去"です。「ありがとう」の意味を込めて「すみません」というのは、この類の表現です。日本語ほどではありませんが、中国語も同じように謝ることで感謝を表すことができます。

「発想＋文体」の違いを踏まえて、依頼表現を次の表のように分類することができます。

	気楽な会話	書く＆改まった会話	書くときのみ
直接感謝する	谢谢了（啦）	谢谢 感谢	表示～的感谢 向～致以～谢意 向～表达～谢意
自分のプラス	帮了我的忙 靠	得到了～的帮助 在～的帮助下 多亏 功劳	
相手のマイナス	麻烦你了	让您破费了	
謝る形	不好意思	过意不去	

1
章

気持ちの文例

2
章

3
章

謝罪

1― 不好意思

"不好意思" は「恥ずかしい」から「すみません」へ転じた表現です。会話の中でよく使われます。メールでは、親しい仲でも使われます。

▶ **不好意思，我明天没有时间。**

Bù hǎoyìsi, wǒ míngtiān méiyǒu shíjiān。

すみません。明日、時間はありません。

▶ **实在不好意思，本该昨天通知您的，但被我忘了。真对不起！**

Shízài bù hǎoyìsi, běngāi zuótiān tōngzhī nín de, dàn bèi wǒ wàng le。Zhēn duìbùqǐ!

昨日お知らせすべきでしたが、失念し、失礼いたしました。

> 一言コメント
>
> "应该" はよく省略されて "应" "该" になります。"本该" は "本来应该" の略です。"本应" は "本该" より改まった表現です。

2― 对不起

"对不起" は「合わせる顔がない」「申し訳ない」という意味から転じた謝罪表現です。"不好意思" より重い気持ちを表します。

▶ 我误解了您的意思，结果寄上的资料不是您需要的，真对不起。

Wǒ wùjiěle nín de yìsi, jiéguǒ jì shàng de zīliào bú shì nín xūyào de, zhēn duìbuqǐ。

私の思い違いのため、お送りした資料がご希望の物と違っております。本当に申し訳ございません。

3— 抱歉

"歉"とは「お詫びする気持ち」です。"抱歉"とは相手に申し訳ない感情を抱いている意で、"我很抱歉""感到抱歉""深感抱歉"の形で使いますが、"向〜抱歉"という形では使いません。

▶ 通知晚了，十分抱歉！

Tōngzhī wǎn le, shífēn bàoqiàn!

お知らせするのが遅くなり、申し訳ありません。

▶ 很抱歉，我明天去不了了。

Hěn bàoqiàn, wǒ míngtiān qùbuliǎo le。

すみません。明日は行けなくなりました。

▶ 对不起，我搞错了时间，让您久等了，耽误了您的宝贵时间，十分抱歉！

Duìbùqǐ, wǒ gǎocuò le shíjiān, ràng nín jiǔděng le, dānwù le nín de bǎoguì shíjiān, shífēn bàoqiàn!

時間を間違え、お待たせしてしまいました。貴重な時間を無駄にさせてしまい、申し訳ございません。

一言コメント

　話し言葉でも書き言葉でも、"我错了"は、かなり深刻な誤りを認める場合に使います。普通は、具体的に"说错了""写错了""打错了"と言います。"搞错了"と"弄错了"は「勘違いをした」という意味です。

▶ **这次突然取消订货，给贵公司造成了巨大的损失，我们深感抱歉。**

Zhècì tūrán qǔxiāo dìnghuò, gěi guì gōngsī zàochéng le jùdà de sǔnshī, wǒmen shēngǎn bàoqiàn。

今回の注文の取り消しが、貴社に甚大なる損失を与えたことを深くお詫び申し上げます。

4— 向～道歉

"道歉"の"道"は「話す」、"歉"は「お詫びする気持ち」です。前置詞の"向"はよく"介绍""说明""解释""道歉"など、話すことと関係する動作と一緒に使われます。

▶ **就此次退货问题，我们郑重地向您道歉！**

Jiù cǐcì tuìhuò wèntí, wǒmen zhèngzhòng de xiàng nín dàoqiàn!

今回の返品について、深くお詫び申し上げます。

> **話し言葉** 对于这次退货问题，我要好好地向您道歉。

一言コメント
この"就"は「～について」の意味です。これは書き言葉の中でよく使います。

▶ **真不知该怎么道歉才好。**

Zhēn bùzhī gāi zěnme dàoqiàn cái hǎo。

お詫びの言葉もございません。

5— 表示・表达～歉意

"表示・表达～歉意"は"道歉"よりずいぶん丁重な表現です。"表示～歉意"の場合、間に"真诚的"などの修飾語を入れることができます。

▶ 希望借此机会，向您表达我的歉意。

Xīwàng jiè cǐ jīhuì, xiàng nín biǎodá wǒ de qiànyì.

この機会に心からのお詫びを申し上げます。

話し言葉 我想利用这个机会向您表示我的歉意。

一言コメント

"借～"は「をもって」「～で」の意味です。これは書き言葉でよく使う形です。

▶ 请允许我向您表示我最真诚的歉意。

Qǐng yǔnxǔ wǒ xiàng nín biǎoshì wǒ zuì zhēnchéng de qiànyì.

心よりお詫びを申し上げます。

一言コメント

"允许"は「許可する」の意味です。この一文を直訳すると、「最も真摯なお詫びの意を表させてください」となります。

6— 原谅・谅解

"请～原谅""希望得到～原谅"は相手に許しを請う表現です。これも謝罪の一つの方法です。

▶ 我方这次的疏忽给贵方造成了巨大的损失，我方承诺赔偿，恳请贵方原谅。

Wǒfāng zhècì de shūhū gěi guì fāng zàochéng le jùdà de sǔnshī, wǒfāng chéngnuò péicháng, kěnqǐng guìfāng yuánliàng.

今回、当方の不手際で、貴殿に甚大なる損失を与えてしまいました。賠償させていただきます。何とぞお許しいただきたくお願い申し上げます。

▶ **给各位带来了诸多不便，十分抱歉，但希望能得到大家的谅解。**

Gěi gèwèi dàilái le zhūduō búbiàn, shífēn bàoqiàn, dàn xīwàng néng dédào dàjiā de liàngjiě。

大変ご不便をお掛けして申し訳ございません。何とぞお許しいただきたくお願い申し上げます。

"诸多"は書き言葉で、意味は"许多"と同じです。

▶ **如果有什么做得不对的，还请您多包涵！**

Rúguǒ yǒu shé me zuò de búduì de, huán qǐng nín duō bāohan!

もし何か悪いところがあれば、どうかお許し願います。

▶ **准备不周之处，望您海涵！**

Zhǔnbèi bù zhōu zhī chù, wàng nín hǎihán!

準備が足りないところがあれば、どうかお許しいただければと存じます。

この節のまとめ＋α　謝罪

感謝の表現は次の四つにまとめられます。

1・直接謝る
2・申し訳ない気持ちを表す"歉"で謝る
3・相手の許しを請う

「直接謝る」場合、"不好意思""对不起"をよく使います。"不好意思"は口語でよく使われる軽い謝罪表現です。親しい仲ではよく使われます。"对不起"はそれより改まった表現です。

「申し訳ない気持ちを表す"歉"で謝る」場合に使う"很抱歉""感到抱歉""深感抱歉"とは、申し訳ない気持ちを抱えていることを伝えることです。また、"道歉""表示歉意"とは、申し訳ない気持ちを相手に伝えることです。

「相手の許しを請う」には、"请原谅"などが使われます。

「発想＋文体」の違いを踏まえて、依頼表現を次の表のように分類することができます。

	気楽な会話	書く＆改まった会話	書くときのみ
直接謝る	不好意思	对不起	
"歉"で謝る		抱歉 十分抱歉 感到抱歉 深感抱歉 向〜道歉 表示〜歉意 表达〜歉意	向〜致歉
許しを求める		请原谅 请谅解 请多包涵	望〜海涵

褒める・アピール

1— 真（是）

"真"には感心するというニュアンスがあり、人を褒めるときによく使われます。"真是"の後に、慣用句を使うとその褒め言葉はスマートに聞こえます。

▶ 王科长说话真风趣，真善于活跃气氛！

Wáng kēzhǎng shuōhuà zhēn fēngqù, zhēn shànyú huóyuè qìfēn!

王課長は話が面白く、場を盛り上げるのが上手ですね。

一言コメント

「～のが上手だ」「～に長じる」に関して、"善于""擅长""拿手"と三つの言い方があります。"擅长"は"善于"より改まった場で使います。"拿手"は"做菜真拿手"のように使います。

▶ 从照片上看，这两个人真是郎才女貌，非常般配！

Cóng zhàopiàn shang kàn, zhè liǎng ge rén zhēnshì láng cái nǚ mào, fēicháng bānpèi!

写真を見て、この二人は本当にお似合いのカップルだと思いました。

一言コメント

郎才女貌　láng cái nǚ mào　男性は頭が良く女性は美しい

▶ 听说你们相恋八年终于结婚，真是"有情人终成眷属"啊！

Tīngshuō nǐ mén xiāng liàn bā nián zhōngyú jiéhūn, zhēnshì "yǒuqíngrén zhōng chéng juànshǔ" ā!

付き合って 8 年と伺いました。「愛し合っている人は最後に結ばれる」とはよく言ったものですね。

2― 佩服

相手の才能、努力を褒めるとき、感服する、感心する意味を表す"佩服"を使ってみてください。

▶ 你一天就把它翻译出来了，太佩服你了！

Nǐ yì tiān jiù bǎ tā fānyì chūlai le, tài pèifú nǐ le!

一日で翻訳できたなんて、素晴らしいですね。

▶ 真佩服你的日文水平，简直看不出是外国人写的。

Zhēn pèifú nǐ de Rìwén shuǐpíng, jiǎnzhí kànbuchū shì wàiguórén xiě de.

上手な日本語に感心いたしました。外国人が書いたものとは思えません。

3― 羡慕

相手の周りの環境などを褒めるとき、"羡慕"を使ってみてください。

▶ 看到您宽敞的办公室，我好羡慕啊！

Kàndào nín kuānchǎng de bàngōngshì, wǒ hǎo xiànmù ā!

広いオフィスがうらやましいです。

▶ 新郎英俊潇洒，又事业有成，真令人羡慕！

Xīnláng yīngjùn xiāosǎ, yòu shìyè yǒu chéng, zhēn lìng rén xiànmù!

新郎が格好よく、仕事も順調でうらやましいです。

"羡慕"は動詞で「うらやむ」の意味です。"令人羡慕"は「人を羡ませる」から「うらやましい」の意味になります。ここで、"令我羡慕"と書きたくなるかもしれませんが、"令人"にすることで、「誰にとってもうらやましいことだ」というニュアンスになります。つまり、"令人"＝"令我"という考え方です。両者ほぼ同じで、"令人"は自分のうらやましい気持ちを一般化し、"令我"を言わなくても自分の気持ちを伝えるようになるので"令我"より使われています。

4— 说明

"A 说明 B"には、「A から B が分かる」「A は B を意味している」という意味があります。これは、同僚や部下の能力を認める表現です。目上の方に対して控えた方が無難でしょう。

▶ **这项工作完成得很快，这说明你在这方面很有潜力。**

Zhè xiàng gōngzuò wánchéng de hěn kuài, zhè shuōmíng nǐ zài zhè fāngmiàn hěn yǒu qiánlì.

素早く仕事を完成させた点、この分野での将来性を感じました。

5— 一定

ここでの"一定"は「きっと〜だろう」の将来性があることを意味します。人を褒めるときに使ってみましょう。

▶ **你的交涉能力非常强，将来一定有机会大显身手。**

Nǐ de jiāoshè nénglì fēicháng qiáng, jiānglái yídìng yǒu jīhuì dà xiǎn shēn shǒu.

素晴らしい交渉能力の持ち主ですね。将来、大いに才能を発揮することでしょう。

6― 学到

人の魅力を褒める決まり文句を覚えておきましょう。

▶ **与您畅谈，我学到了好多新鲜知识。**

Yǔ nín chàngtán, wǒ xué dào le hǎoduō xīnxiān zhīshi.

心おきなくお話しでき、大変勉強になりました。

一言コメント

畅谈　chàngtán　心おきなく話す

（類）听君一席话，胜读十年书

tīng jūn yìxíhuà, shèng dú shíniánshū.

あなたのお話は、10年の読書に勝ります。

（またとない、素晴らしいお話をありがとうございました。）

7― その他の褒め言葉

▶ **虽然我和您是初次见面，但感觉您就像我的老朋友一样。**

Suīrán wǒ hé nín shì chūcì jiànmiàn, dàn gǎnjué nín jiù xiàng wǒ de lǎopéngyou yíyàng.

初対面でしたのに、昔からの友人のように思えました。

▶ **贵公司的写字楼相当气派，工作环境极佳。**

Guì gōngsī de xiězìlóu xiāngdāng qìpài, gōngzuò huánjìng jíjiā.

貴社の新しいオフィスビルはモダンで、仕事環境も快適ですね。

▶ **上海街头到处是国际著名品牌的专卖店，女孩子个个都打扮得好时尚啊！**

Shànghǎi jiētóu dàochù shì guójì zhùmíng pǐnpái de zhuānmàidiàn, nǚháizi gè gè dōu dǎbàn de hǎo shíshàng ā!

上海の町には世界ブランドのセレクトショップがあふれ、女の子たちは皆おしゃれですね。

8— 毕业于

出身校を説明するとき、"毕业于"を使いましょう。

▶ **我毕业于青山大学。我的母校在商学方面比较有名。**

Wǒ bìyè yú qīngshān dàxué. Wǒ de mǔxiào zài shāngxué fāngmiàn bǐjiào yǒumíng.

私は青山大学を卒業しました。母校はビジネス面で有名な大学です。

話し言葉 我是青山大学毕业的。我的母校在商学方面非常有名。

9— 曾（经）

経歴を説明するとき、話し言葉では"以前"をよく使いますが、書くときには、"曾（经）"を使った方がいいでしょう。

▶ **我曾在日本最大的电气公司从事营销工作。**

Wǒ céng zài Rìběn zuìdà de diànqì gōngsī cóngshì yíngxiāo gōngzuò.

私は日本最大の電気会社で営業の仕事に従事したことがあります。

話し言葉 我以前在日本最大的电气公司做过营销工作。

▶ **我的作品曾获"优良设计奖"。**

Wǒ de zuòpǐn céng huò "yōuliáng shèjì jiǎng".

私の作品はグッドデザイン賞を受賞したことがあります。

10— 持有・拥有・具有

「〜を有する」に当たる表現には"持有""拥有""具有"があります。"持有""拥有"は「所有する」の意味ですが、"具有"は「備える」の意です。後者はよく抽象的な内容に使われます。

▶ **我持有翻译导游资格。这是日本在外语领域唯一的一个国家职业资格证书。**

Wǒ chíyǒu fānyì dǎoyóu zīgé. Zhè shì Rìběn zài wàiyǔ lǐngyù wéiyī de yí ge guójiā zhíyè zīgé zhèngshū.

私は通訳ガイドの資格を持っています。これは日本で外国語の分野における唯一の国家資格です。

▶ **我拥有日本政府认可的劳务士资格。**

Wǒ yōngyǒu Rìběn zhèngfǔ rènkě de láowù shì zīgé.

私は労務士の国家資格を持っています。

▶ **我具有良好的英语口语能力, 能够胜任海外部的工作。**

Wǒ jùyǒu liánghǎo de Yīngyǔ kǒuyǔ nénglì, nénggòu shèngrèn hǎiwàibù de gōngzuò.

私は英会話に優れておりますので、国際部の業務に適任です。

一言コメント

胜任　shèngrèn　任に堪える

11— 希望

"希望"には、「〜になるといいですね」という意味があります。自己アピールをするときに使うと、相手に控えめな印象を与えます。一方、"一定能"を使うと、相手に自信満々な印象を与えます。

▶ **希望能以我在日本公司积累的经验为贵公司开拓日本市场做出贡献。**

Xīwàng néng yǐ wǒ zài Rìběn gōngsī jīlěi de jīngyàn wèi guì gōngsī kāituò Rìběn shìchǎng zuòchū gòngxiàn.

日本の企業で身に付けたノウハウで貴社の日本市場開拓に貢献したいと思います。

一言コメント

"经验"は日本語の「経験」とやや違って、「ノウハウ」の意味です。日本語の「経験」は中国語の"经历"に当たります。

▶ **希望我能把日本式的服务精髓运用到贵公司的工作中。**

Xīwàng wǒ néng bǎ Rìběnshì de fúwù jīngsuǐ yùnyòng dào guì gōngsī de gōngzuò zhōng.

日本式接客のノウハウを貴社で生かしたいと考えております。

▶ **希望我能成为贵公司与日本顾客之间沟通的桥梁。**

Xīwàng wǒ néng chéngwéi guì gōngsī yǔ Rìběn gùkè zhījiān gōutōng de qiáoliáng.

貴社と日本人顧客の架け橋になりたいと思います。

12— 尽全力

自分の努力をアピールするとき、"尽全力（全力を尽くす）"という表現を使いましょう。

▶ **我一定竭尽全力，做好这份工作。**

Wǒ yídìng jiéjìn quánlì, zuòhǎo zhè fèn gōngzuò.

全力投球で仕事に精進します。

13— 属于

"属于" には「～の範囲に属する」という意味でも使います。この使い方は「A
はBである」を表す "是" に近いです。製品などをアピールするとき、"～是～"
の代わりに使ってみましょう。

▶ **这在日本也属于最新、最流行的手机款式。**

Zhè zài Rìběn yě shǔyú zuìxīn、zuì liúxíng de shǒujī kuǎnshì.

この携帯電話は、日本でも最も新しく、一番流行しているタイプです。

14— 受～欢迎

製品などの人気度をアピールするとき、"很有人气" のほかに、"受～欢迎"
をよく使います。

▶ **该品牌在日本深受年轻人欢迎，在中国也一定能
引领时尚。**

Gāi pǐnpái zài Rìběn shēnshòu niánqīngrén huānyíng, zài Zhōngguó yě
yídìng néng yǐnlǐng shíshàng.

このブランドは日本の若い人に好まれています。中国でも流行をリー
ドできるでしょう。

15— 而

他社と対比しながら自社製品などを説明するとき、"～, 而～" という表現
を使いましょう。

▶ **一般企业仅出售商品，而我公司非常注重售后服务。**

Yìbān qǐyè jǐn chūshòu shāngpǐn, ér wǒ gōngsī fēicháng zhùzhòng shòuhòu fúwù.

普通の企業は商品を販売するだけですが、弊社はアフターサービスに力を入れています。

16— 比起

他社と比較しながら製品などをアピールするときは、まず"我们比他们～（私たちは彼らより～）"のようなシンプルな表現を思い付くでしょう。この表現には"比他们更好"のように形容詞で短く終わららければならないという欠点があります。しかし"比起他们, 我们～（彼らと比べると、私たちは～）"という表現を使うと、"我们"の後にどんな内容を書いてもかまいません。こういう意味で、"比起～"の使い勝手がいいです。

▶ **比起其他产品，该产品在性价比方面更具优势。**

Bǐqǐ qítā chǎnpǐn, gāi chǎnpǐn zài xìngjiàbǐ fāngmiàn gèng jù yōushì.

ほかの製品と比べると、その製品はコストパフォーマンスの面でより優れております。

17— 居领先地位

"居领先地位"は「～をリードしている」の意味です。

▶ **本公司的技术水平远高于同行，在业界居于领先地位。**

Běn gōngsī de jìshù shuǐpíng yuǎn gāoyú tóng háng, zài yèjiè jūyú lǐngxiān dìwèi.

弊社の技術はほかの企業より優れ、業界をリードする立場にいます。

18— 定会

"一定会（必ず〜になるだろう）"を使うと、自信満々のイメージを相手に与えます。書くとき、よく"一"を省略し"定会"と書きます。

▶ **这一崭新的经营理念，定会帮助贵公司一跃成为该领域的先进企业。**

Zhè yī zhǎnxīn de jīngyíng lǐniàn, dìng huì bāngzhù guì gōngsī yí yuè chéngwéi gāi lǐngyù de xiānjìn qǐyè。

この斬新な経営理念は、貴社の世界的先進企業への仲間入りの助けになることでしょう。

🐼 この節のまとめ＋α　褒める・アピール

褒めるは相手を高く評価することで、アピールは自分、自分側のモノやことを高く評価することです。両者には共通性が見られます。

褒めるの表現は次の三つにまとめられます。

1・自分の気持ちを表す
2・相手の長所の意味を指摘する
3・その他

「自分の気持ちを表す」には、自分の感心する気持ちを表す"真（是）""佩服"のほかに、いかにうらやましい気持ちを表す"羨慕"などがあります。

「相手の長所の意味を指摘する」とき、能力を認める"说明"、将来性を指摘する"一定"を使いましょう。

本人や製品をアピールする表現は次の四つにまとめられます。

1・自分に有利な事実を述べる
2・努力する姿勢を示す
3・相手にとってのメリットを述べる
4・他社商品との比較

「自分に有利な事実を述べる」ときによく使うのは、卒業校を説明する"毕业于"、経歴を述べる"曾（经）"、自分が有する資格を伝える"持有""拥有""具有"などです。

「努力する姿勢を示す」には、"希望（能）""尽全力"などの表現があります。

「相手にとってのメリットを述べる」には、製品の特長をアピールする"属于"、製品の人気度をアピールする"受〜欢迎"を使います。

「他社商品との比較」には、"而""比起""居领先地位"などの表現がよく使われます。

「発想＋文体」の違いを踏まえて、褒める・アピール表現を次の表のように分類することができます。

	気楽な会話	書く＆改まった会話	書くときのみ
自分の気持ち	羨慕	佩服	
相手の長所の意味		说明 一定	
自分に有利な事実		毕业于 曾（经） 持有 拥有 具有	
努力する姿勢		希望（能） 尽全力	
相手にとってのメリット		属于 受〜欢迎 优势 领先 获利 定会	
他社商品との比較		而 比起	居领先地位

祝福

1— 祝

"祝"は「〜でありますように」「〜をお祈りしています」の意です。話し言葉でもよく使われます。

▶ 祝您早日恢复健康。

Zhù nín zǎorì huīfù jiànkāng。

1日も早い健康回復をお祈りしております。

> **一言コメント**
>
> "祝您早日恢复健康。"とは、健康が回復することを前提として、早い回復を祈ることです。"祝您恢复健康。"と言うと、回復しない可能性もあるけれど回復を望む意味になりますので、このような言い方は避けましょう。

▶ 祝您顺利考取律师资格！

Zhù nín shùnlì kǎoqǔ lǜshī zīgé!

弁護士試験に合格しますように。

▶ 祝贵公司的事业蒸蒸日上。

Zhù guì gōngsī de shìyè zhēng zhēng rì shàng。

貴社のますますのご発展をお祈りしております。

> **一言コメント**
>
> 蒸蒸日上　zhēngzhēng rìshàng　日に日に向上する
>
> （類）飞跃发展　fēiyuè fāzhǎn　飛躍的に発展する

▶ 祝你们白头偕老，一生幸福！

Zhù nǐmen bái tóu xié lǎo, yìshēng xìngfú!

共に白髪になるまで添い遂げ、一生幸せでありますよう、お祈り申し
上げます。

一言コメント

白头偕老　báitóuxiélǎo　共に白髪まで添い遂げる

▶ 祝你们相亲相爱，比翼双飞！

Zhù nǐmen xiāng qīn xiāng ài, bǐyì shuāngfēi!

互いに愛し合い、共に歩んでいけますように。

一言コメント

相亲相爱　xiāngqīnxiāng'ài　相思相愛
比翼双飞　bǐyìshuāngfēi　　翼と翼を並べて飛ぶ。共に進むたとえ

2— 预祝

"预祝"は「あらかじめお祈りします」の意味で、より改まったときによく
使われます。

▶ 预祝成功！

Yùzhù chénggōng!

成功祈願！

▶ 预祝您在新的一年里取得优异的成绩！

Yùzhù nín zài xīn de yì nián lǐ qǔdé yōuyì de chéngjì!

新しい一年に素晴らしい業績を上げますようにお祈りします。

3— 遥祝

相手と遠く離れているときは、"遥祝"を使いましょう。

▶ 遥祝一帆风顺！

Yáo zhù yì fán fēng shùn!

順調でありますように、遠くからお祈りしております。

4— 祝福

"祝福"には名詞と動詞の使い方があります。名詞の場合、"表达""献上""请接受"などと一緒に使うことが多いです。

▶ 谨以这份来自日本的礼物表达我衷心的祝福。

Jǐn yǐ zhè fèn láizì Rìběn de lǐwù biǎodá wǒ zhōngxīn de zhùfú.

この日本からお送りするお祝い品に、心からの祝福を込めて。

一言コメント

"谨"は「謹んで～する」、"以"は「～をもって」の意味で、書き言葉でよく使われます。話し言葉ではほとんど使いません。

▶ 听说上周日是你的生日，请接受我迟到的祝福。

Tīngshuō shàngzhōurì shì nǐ de shēngrì, qǐng jiēshòu wǒ chídào de zhùfú.

先週日曜は誕生日でしたね。遅ればせながら、おめでとうございます。

一言コメント

この"迟到"は「遅刻する」の意味ではなく、「遅くなった」という意味です。

▶ **祝福你在新的一年里一切顺利！**

Zhùfú nǐ zài xīn de yì nián lǐ yíqiè shùnlì!

新しい一年がすべて順調でありますように。

5― 希望

" 希望 " は「〜であってほしい」という意味です。" 祝（お祈りする）" よりも使い勝手がいいです。話し言葉でもよく使われます。

▶ **希望您能找到理想的工作。**

Xīwàng nín néng zhǎodào lǐxiǎng de gōngzuò.

理想的な仕事が見つかりますように。

▶ **希望您能在更合适的岗位上发挥才华。**

Xīwàng nín néng zài gèng héshì de gǎngwèi shàng fāhuī cáihuá.

もっと合った仕事で才能を発揮できますように。

6― 愿

" 愿 " は " 希望 " に当たり、書き言葉でよく使いますが、話し言葉ではほとんど使いません。

▶ **愿我们的友谊地久天长。**

Yuàn wǒmen de yǒuyì dì jiǔ tiān cháng.

友情が永遠に変わりませんように。

一言コメント

地久天长　dì jiǔ tiān cháng　ずっと変わらない

▶ **愿你们今后的生活甜蜜幸福！**

Yuàn nǐmen jīnhòu de shēnghuó tiánmì xìngfú!

今後の幸せをお祈り申し上げます。

7— 一定会

“一定会〜”は「きっと〜になるのでしょう」の意味で、希望を込めて将来を語る場合、祝福表現になります。

▶ **该商品将来一定会非常畅销。**

Gāi shāngpǐn jiānglái yídìng huì fēicháng chàngxiāo.

この商品は将来どんどん売れることでしょう。

一言コメント

この“该”は“这个”“这种”の意で、書き言葉です。話し言葉ではほとんど使いません。

▶ **不要泄气，日子一定会好起来的。**

Bú yào xiè qì, rìzi yídìng huì hǎoqǐlái de.

気を落とさないでください。きっとよくなりますよ。

一言コメント

泄气　xiè qì　気を落とす

(類) 灰心　huī xīn　気が滅入る

8— 恭喜

"恭喜"は「おめでとう」の意で、話し言葉ではよく"恭喜恭喜!"と言います。
"恭喜〜"は話し言葉でもよく使われます。

▶ **恭喜您获得了大奖!**
Gōngxǐ nín huòdé le dàjiǎng!
大賞受賞、おめでとうございます。

▶ **恭喜您荣升企划部经理!**
Gōngxǐ nín róngshēng qǐhuàbù jīnglǐ!
企画部マネージャーに就任されるとのこと、おめでとうございます。

▶ **恭喜您被评为优秀员工!**
Gōngxǐ nín bèi píngwéi yōuxiù yuángōng!
優秀社員に選ばれたとのこと、おめでとうございます。

▶ **恭喜您与汪小姐喜结良缘!**
Gōngxǐ nín yǔ Wāng xiǎojiě xǐ jié liángyuán!
汪さんとのご結婚、おめでとうございます。

9— 祝贺

"祝贺"は"恭喜"よりも改まった場面でよく使われます。また、名詞としても使えます。気を付けて欲しいのは"祝〜"との違いです。"祝〜"は事実が起きる前に使いますが、事実となためでたい出来事には"祝贺〜"を使いましょう。

▶ **衷心祝贺您就任总经理!**
Zhōngxīn zhùhè nín jiùrèn zǒngjīnglǐ!
総経理(社長)のご就任を心からお祝い申し上げます。

▶ **喜闻王强先生荣升总经理，我们衷心表示祝贺。**

Xǐ wén Wáng Qiáng xiānsheng róngshēng zǒngjīnglǐ, wǒmen zhōngxīn biǎoshì zhùhè.

王強様の総経理（社長）へのご昇進を伺いました。私ども一同、心よりお祝い申し上げます。

話し言葉 很高兴听说王强先生当上了总经理，祝贺祝贺！

一言コメント

"闻"は「聞く」、"喜闻"は「喜んで聞く」で、書き言葉でよく使われます。

▶ **这是我的一点心意，还请您收下，我想以此向您表示祝贺。**

Zhè shì wǒ de yìdiǎn xīnyì, hái qǐng nín shōuxià, wǒ xiǎng yǐcǐ xiàng nín biǎoshì zhùhè.

ほんの気持ちですが、受け取っていただけますか。これをもってお祝の言葉に代えさせていただきます。

一言コメント

"以此"は「これをもって」の意味で、書き言葉でよく使われます。改まった会話に使われることもあります。

この節のまとめ＋α　祝福

　願い、祝福の両方に“祝”という漢字が使われ、その点が日本語の使い方と異なるので気を付けましょう。

　“祝〜”はこれからのことへの願いです。“预祝”“遥祝”“祝愿”があります。また、“希望”“愿”にも同じ意味があります。異なる点は、“预祝”“遥祝”“祝愿”は主に相手への願いに使いますが、“希望”“愿”はより広く、“我们〜”にもよく使います。

　現実になった喜ばしいことに対しては、“恭喜”“祝贺”を使いましょう。

　「発想＋文体」の違いを踏まえて、祝福表現を次の表のように分類することができます。

	気楽な会話	書く＆改まった会話	書くときのみ
願い	一定会	祝 预祝 遥祝 祝福 希望 祝愿	愿
おめでとう	恭喜	祝贺	

四季折々のあいさつ

季節のあいさつは次のように書きましょう。

▶ **东京的樱花已经盛开，非常美，真希望您也能看到。**
Dōngjīng de yīnghuā yǐjīng shèngkāi, fēicháng měi, zhēn xīwàng nín yě néng kàndào.
東京は桜が満開になりました。その美しさをあなたにもお見せしたいです。

▶ **听说今年夏天上海非常炎热，您那里一切都好吗？**
Tīngshuō jīnnián xiàtiān Shànghǎi fēicháng yánrè, nín nàli yíqiè dōu hǎo ma?
今年の夏、上海はとても暑いそうですね。お元気でしょうか。

▶ **北京现在一定很凉爽吧！**
Běijīng xiànzài yídìng hěn liángshuǎng ba!
北京は、今ごろすがすがしい陽気でしょう。

▶ **天气渐渐冷下来了，请您多保重身体。**
Tiānqì jiànjiàn lěng xiàlái le, qǐng nín duō bǎozhòng shēntǐ.
寒くなってきましたが、ご自愛ください。

2— 元旦のあいさつ

1月1日のあいさつです。

▶ **新年快乐！ 祝您新的一年，事业蒸蒸日上！**

Xīnnián kuàilè！ Zhù nín xīn de yì nián, shìyè zhēng zhēng rì shàng!

新年おめでとうございます！ すばらしい一年を迎えられますように！

3— 春節のあいさつ

旧暦の1月1日。旧正月。中華圏で最も盛んに祝う祝日です。

▶ **春节将至，给您拜个早年，祝您新春快乐！**

Chūnjié jiāng zhì, gěi nín bài ge zǎonián, zhù nín xīnchūn kuàilè!

もうすぐ旧正月です。良いお年をお迎えください。

▶ **新年好！祝您在新的一年里万事如意！**

Xīnnián hǎo! Zhù nín zài xīn de yì nián lǐ wànshì rúyì!

新年おめでとうございます。新しい一年は、願いがすべてかないますように！

4— 元宵節のあいさつ

春節から15日後の満月の日。この日に元宵（南方では"汤圆"）という白玉団子を食べると、春節ムードが静まります。

▶ **祝您元宵节快乐！**

Zhù nín Yuánxiāojié kuàilè!

楽しい元宵節でありますように！

5— バレンタインのあいさつ

2月14日。若者の間で重視されています。男性が女性にチョコレートや花束を贈ることが多く、ホワイトデーにお返しをする習慣はありません。

▶ 情人节快乐！
Qíngrénjié kuàilè!
ハッピーバレンタイン！

6— 国際婦人デーのあいさつ

3月8日。正式名称は"三八国际妇女节"です。女性は、半日休暇がもらえます。

▶ 三八妇女节你们公司放假吗？
Sān-Bā fùnǚjié nǐmen gōngsī fàngjià ma?
婦人デーに会社はお休みですか？

7— 清明節のあいさつ

4月5日前後。先祖の墓参りをします。

▶ 听说中国清明节时，很多人都会去郊外扫墓，您也去了吗？
Tīngshuō Zhōngguó Qīngmíngjié shí, hěn duō rén dōu huì qù jiāowài sǎomù, nín yě qù le ma?
中国は清明節に郊外へ墓参りに行く人が多いそうですね。行かれましたか？

5月1日。正式名称は"五一国际劳动节"です。

▶ 五一前后你们公司放了几天假?

Wǔ-Yī qiánhòu nǐmen gōngsī fàng le jǐ tiān jià?

メーデーの前後に休みは何日ありましたか?

6月1日。政府が定めた男女共通のこどもの日です。多くの学校でイベントが行われます。

▶ 快到六一儿童节了，祝您的孩子节日快乐，健康成长!

Kuài dào Liù-Yī értóngjié le, zhù nín de háizi jiérì kuàilè, jiànkāng chéngzhǎng!

もうすぐこどもの日です。お子さんが楽しく祝日を過ごし、すくすく成長されますように!

旧暦5月5日。こどもの日ではなく、楚の詩人である屈原（くつげん）を記念する祝日で、ドラゴンボートを漕ぎ、中華ちまきを食べます。

▶ 端午节您吃粽子了吗?

Duānwǔ Jié nín chī zòngzi le ma?

端午の節句に、ちまきを食べましたか?

11— 七夕のあいさつ

旧暦7月7日。彦星と織姫の物語にちなんで、近年、中国のバレンタインデーと呼ばれています。

▶ 七夕将至，祝你"中国情人节"快乐！

Qīxī jiāng zhì, zhù nǐ "Zhōngguó qíngrénjié" kuàilè!

もうすぐ七夕ですね。ハッピー中華バレンタインデー！

12— 中秋節のあいさつ

旧暦8月15日。旧正月に次いで、最も大切にされる日です。中秋の名月は、家族団らんの象徴で、家族を集め、食事し、月餅を食べます。

▶ 祝您中秋快乐，阖家团圆！

Zhù nín zhōngqiū kuàilè, héjiā tuányuán!

中秋おめでとうございます。家族円満でありますように！

13— 国慶節のあいさつ

10月1日。中華人民共和国の建国記念日です。"十一节"とも言います。

▶ 希望您度过一个愉快的国庆节假期！

Xīwàng nín dùguò yí ge yúkuài de Guóqìng Jié jiàqī!

楽しい国慶節をお過ごしください。

2
章

行動の文例

送信・受信

1— 经～介绍

▶ **我经田中先生介绍，得知了您的联络方式。**

Wǒ jīng Tiánzhōng xiānsheng jièshào, dézhīle nín de liánluò fāngshì.

田中さんからご連絡先を伺いました。

一言コメント

　この"经"は書き言葉で、"通过""经过"の意味です。また、"知道"の代わりに"得知"、"知悉 zhīxī"などがあります。"知悉"は書くときしか使いません。

▶ **经李德民先生介绍，我得知贵公司生产该产品，所以想向您具体地了解一下。**

Jīng Lǐ Démín xiānsheng jièshào, wǒ dézhī guì gōngsī shēngchǎn gāi chǎnpǐn, suǒyǐ xiǎng xiàng nín jùtǐde liǎojiě yíxià.

李德民さんから貴社でこの製品を生産していることを知り、詳しく伺いたいと思います。

一言コメント

　書き言葉では、"这个""这种"をよく"该"と書きます。また、"这种产品"を"这一产品"と書くこともよくあります。

2— (是) 想

▶ **给您发邮件，是想请您介绍一下中国出版方面的
情况。**

Gěi nín fā yóujiàn, shì xiǎng qǐng nín jièshào yíxià Zhōngguó chūbǎn
fāngmiàn de qíngkuàng.

今回メールを差し上げたのは、中国の出版状況を教えていただきたい
ためです。

> 一言コメント
>
> "我想～，所以～"を"～是想～"の一文にまとめると、より書き言葉らしく
> なります。

▶ **这次主要想了解一下手机市场的情况。**

Zhècì zhǔyào xiǎng liǎojiě yíxià shǒujī shìchǎng de qíngkuàng.

今回は主に携帯市場の状況を調べたいと思います。

> 一言コメント
>
> この"了解"は「知る、調べる、関係者取材をする」という意味です。また、
> "他很了解中国。（彼は中国の事情に詳しい）"の中の"了解"は「よく知ってい
> る、詳しい」の意味です。

3— (是) 为了

▶ **与您联系是为了向您请教一些问题。**

Yǔ nín liánxì shì wèile xiàng nín qǐngjiào yìxiē wèntí.

伺いたいことがあり、ご連絡させていただきました。

　"与您联系"は"跟您联系"と同じ意味で、書き言葉でよく使われます。気を付けてほしいのは、"请教"は「教えてください」ではなく、「〜に教えを乞う」であることです。"请教"の使い方は"问"に似ています。例えば、"我想问一下。"は"我想请教一下。"に似ています。"请教"の方が丁重です。

▶ 给您发邮件是为了告诉您我下个月将去北京出差的消息。

Gěi nín fā yóujiàn shì wèile gàosu nín wǒ xià ge yuè jiāng qù Běijīng chūchāi de xiāoxī.

来月、北京に出張することをお伝えするためにメールしました。

　この"将"は予定を表す"要""会"に当たり、書き言葉でよく使われます。

4— 希望

▶ 我们希望能去拜访一下客户。

Wǒmen xīwàng néng qù bàifǎng yíxià kèhù.

クライアントを訪問したいと思います。

　「クライアントを訪問する」に当たる表現には、相手に敬意を込めている"拜访客户"のほかに、気軽な気持ちでの"见客户"、複数の場所を訪ねる"走访"などがあります。

▶ **我公司希望与中国化妆品销售方面的公司建立合作关系。**

Wǒ gōngsī xīwàng yǔ Zhōngguó huàzhuāngpǐn xiāoshòu fāngmiàn de gōngsī jiànlì hézuò guānxì.

弊社は中国の化粧品販売関係の会社と提携関係を結びたいと考えております。

> 一言コメント
>
> "合作 (協力・提携)"のほかの類語も覚えておきましょう。
>
> 协作 xiézuò 協力・提携
> 配合 pèihé 協力・一方がもう一方を支える

5― 收到・收悉

▶ **商品目录收到了，谢谢！**
Shāngpǐn mùlù shōudào le, xièxie!
カタログを受け取りました。ありがとうございます。

▶ **很高兴收到您从北京寄来的礼物。**
Hěn gāoxìng shōudào nín cóng Běijīng jì lái de lǐwù.
北京のお土産をうれしく受け取りました。

▶ **来信收悉，非常感谢！**
Láixìn shōuxī, fēicháng gǎnxiè!
メールを受け取りました。どうもありがとうございました。

> 一言コメント
>
> "收悉"は書くときしか使いません。また、"收到"の場合、"收到来信"と書くこともありますが、"收悉来信"とは書きません。

6— 寄（上）

▶ **昨天给您寄了一盒日本糕点，希望您能喜欢。**

Zuótiān gěi nín jì le yì hé Rìběn gāodiǎn, xīwàng nín néng xǐhuan.

昨日、和菓子をお送りしました。お口に合えばよいのですが。

一言コメント

　物を送るときに添える一筆には"寄"、"寄上"を使いましょう。親しい人に対しては"寄"を使えますが、目上の方には、「差し上げます」のニュアンスが込められている"寄上"を使いましょう。

▶ **寄上一点礼物，代表我的一点心意。**

Jì shàng yìdiǎn lǐwù, dàibiǎo wǒ de yìdiǎn xīnyì.

心ばかりの品です。お納めください。

▶ **寄上一份小礼物，祝您圣诞快乐！**

Jì shàng yí fèn xiǎo lǐwù, zhù nín shèngdàn kuàilè!

心ばかりの品です。よいクリスマスをお過ごしください！

7— 附上

▶ **随信附上招待会的请柬，诚邀您与会！**

Suí xìn fùshàng zhāodài huì de qǐngjiǎn, chéng yāo nín yùhuì.

パーティーの招待状を同封いたします。ご参加いただければ幸いです。

手紙と一緒に資料などを同封するとき、メール添付で送るとき、"附上"と書きましょう。"请柬（招待状）"の類義語も覚えましょう。

请贴	qǐng tiē
邀请信	yāoqǐng xìn
邀请函	yāoqǐng hán

▶ 附上最新价目表，请确认。

Fùshàng zuìxīn jiàmùbiǎo, qǐng quèrèn.

最新版の価格表を添付いたします。ご確認ください。

▶ 附上一份商品介绍，希望您对此感兴趣。

Fùshàng yí fèn shāngpǐn jièshào, xīwàng nín duìcǐ gǎn xìngqu.

商品資料を同封いたします。興味をお持ちいただければ幸いです。

"此"は書くときによく使う表現です。"对此"は「これに対して」、"从此"は「これから」、"此事"は「その件」の意です。

8— 回复・答复

▶ 非常感谢您的回复。

Fēicháng gǎnxiè nín de huífù.

ご返信ありがとうございます。

返事を促す場合、"回复""答复"を使いましょう。"回复"は「返事」「返信する」の意味ですが、"答复"は問い合わせへの「返答」「返答する」の意味です。

1章

2章

行動の文例

3章

▶ **希望能在 5 号前得到回复。**

Xīwàng néng zài wǔ hào qián dédào huífù.

5日までにお返事をいただければ助かります。

▶ **因为时间很紧，请尽快给予答复。**

Yīnwèi shíjiān hěn jǐn, qǐng jǐnkuài jǐyǔ dáfù.

時間の関係で、大至急お返事お願いいたします。

一言コメント

　"请给予答复"は"请答复"と同じ意味です。このような二字の動詞（"答复"）を形式的な動詞（"给予"など）の後に置き、目的語とする形は書き言葉の中でよく使われます。

9— 为盼

▶ **望速回复为盼。**

Wàng sù huífù wéipàn.

至急お返事お願いいたします。

一言コメント

　"～为盼"は書くときしか使わない表現で、「～を期待しています」の意です。上の文は"希望您马上给我回信"と同じ意味です。

1
章

2
章

行動の文例

3
章

見積もり

1— 可（以）

▶ **如果贵公司有意合作，我们可以寄上一些样品。**
Rúguǒ guì gōngsī yǒuyì hézuò, wǒmen kěyǐ jì shàng yìxiē yàngpǐn。
貴社に提携の意向がございましたら、サンプルを送らせていただきます。

> 一言コメント
>
> "有意～"は「～する意向がある」、"有意合作"は"有合作的意向"の意です。

▶ **我们无法提供样品，但可以提供图片和数据。**
Wǒmen wúfǎ tígōng yàngpǐn, dàn kěyǐ tígōng túpiàn hé shùjù。
サンプル提供は難しいのですが、画像やデータ提供は可能です。

▶ **我们可以登门拜访，做详细说明。**
Wǒmen kěyǐ dēngmén bàifǎng, zuò xiángxì shuōmíng。
そちらに伺い、詳しく説明させていただけます。

> 一言コメント
>
> "登门拜访"は決まり文句で「(会社や個人宅) に伺う」という意味です。類似の表現には、"送货上门 (宅配する)"があります。

▶ **本公司产品的价目表可以在下述网页确认。**
Běn gōngsī chǎnpǐn de jiàmùbiǎo kěyǐ zài xiàshù wǎngyè quèrèn。
弊社製品の価格表は下記のページで確認できます。

▶ 所需数据可在以下网站下载。

Suǒ xū shùjù kě zài yǐxià wǎngzhàn xiàzài。

必要なデータは下記のサイトでダウンロードできます。

▶ 关于上述条件，可以再做洽商。

Guānyú shàngshù tiáojiàn, kěyǐ zài zuò qiàshāng。

上記の条件について、ご相談可能です。

▶ 如果订货数量较多，价格可以优惠。

Rúguǒ dìnghuò shùliàng jiào duō, jiàgé kěyǐ yōuhuì。

ご注文いただく量が多ければ、割り引き可能です。

一言コメント

「割引をする」はストレートに言うと"打折"となりますが、"优惠"の方が品があります。

2— 估价・报价

▶ 请按以下数量提供报价。

Qǐng àn yǐxià shùliàng tígōng bàojià。

下記の数量で見積もりをお送り願えますか。

一言コメント

「見積もりをする」には"估价"と"报价"の二つの言い方があります。"估价"は「計算する」に、"报价"は「相手に伝える」に重点を置きます。

▶ 订货量 1000 的报价已收到，还请另外提供一份订货量 5000 时的报价。

Dìnghuò liàng yìqiān de bàojià yǐ shōudào, hái qǐng lìngwài tígōng yí fèn dìnghuò liàng wǔqiān shí de bàojià.

1000 部の見積もりはいただいておりますが、5000 部の場合の見積もりもお願いできますか。

3— 寄（上）· 附上

▶ 报价单能否在 9 月 30 日前寄到?

Bàojiàdān néngfǒu zài jiǔ yuè sānshí rì qián jì dào?

9 月 30 日までに郵送で見積書を送っていただけませんか？

▶ 附上您所需要的报价单。

Fùshàng nín suǒ xūyào de bàojiàdān.

依頼いただいた見積書を添付いたします。

4— 收到

▶ 报价单已经收到。等我们公司商讨决定后，再跟您联系。

Bàojiàdān yǐjīng shōudào. Děng wǒmen gōngsī shāngtǎo juédìng hòu, zài gēn nín liánxì.

見積書を受け取りました。社内で確認後、またご連絡させていただきます。

5— 如（果）

▶ **我们考虑大量订货，如购买1000个是否有现货？**

Wǒmen kǎolǜ dàliàng dìnghuò, rú gòumǎi yìqiān ge shìfǒu yǒu xiànhuò?

大口で購入したいと考えておりますが、1000個の在庫はありますか？

> 一言コメント
>
> 書き言葉ではよく"如果"を"如"とします。"是否有现货？"は"有没有现货？"
> の改まった書き方です。

▶ **如有不明之处，请随时咨询我们的工作人员。**

Rú yǒu bùmíng zhī chù, qǐng suíshí zīxún wǒmen de gōngzuò rényuán.

ご不明な点がございましたら、我々スタッフにお気軽にお問い合わせ
ください。

> 一言コメント
>
> この文を話し言葉で書くと、"如果有不清楚的地方，什么时候问我们都可以。"
> です。

6— 同意

▶ **我们同意接受贵方提供的价格。**

Wǒmen tóngyì jiēshòu guì fāng tígōng de jiàgé.

お見積もりの金額で特に問題はございません。

▶ **我们同意按报价单上的价格与交货期订货。**

Wǒmen tóngyì àn bàojiàdān shàng de jiàgé yǔ jiāohuò qī dìnghuò.

見積書通りの金額と納期で発注したいと思います。

7— その他

▶ **这项服务能免费体验到什么时候？**

Zhè xiàng fúwù néng miǎnfèi tǐyàn dào shénme shíhou?

このサービスはいつまで無料体験できますか？

▶ **该商品从多少个起售？**

Gāi shāngpǐn cóng duōshao ge qǐ shòu?

この商品の最小注文個数はどのくらいですか？

> 一言コメント
>
> "起售" は「〜個から販売する」の意味です。類似表現も覚えておきましょう。
> 最低消费　zuìdī xiāofèi　（レストランなどでの）最低限の利用料金
> 起步价　　qǐbùjià　　　（タクシーの）初乗り料金

▶ **我们阅读了商品目录。贵方能否提供若干样品，供我们参考？**

Wǒmen yuèdú le shāngpǐn mùlù。Guìfāng néngfǒu tígōng ruògān yàngpǐn, gòng wǒmen cānkǎo?

カタログを拝見しました。参考のために製品サンプルもいくつかお送りいただけますか？

> 一言コメント
>
> "能否〜" は "能不能〜" のより改まった書き方です。"若干" も書き言葉で「いくつか」の意味で、話し言葉の "一些" "几件" に当たります。

▶ **关于价格我们有以下几点疑问，请贵社予以解答。**

Guānyú jiàgé wǒmen yǒu yǐxià jǐ diǎn yíwèn, qǐng guìshè yǔyǐ jiědá。

価格について下記の不明点がありますので、お教えていただけますか。

"上述（上記）""下述（下記）" は書き言葉でよく使う表現です。" 以上 "" 以下 "
" 上面 "" 下面 " と言ってもいいです。" 予以 " は「与える」の意味ですが、二字
の動詞と組み合わせて「～をする」という意味になることもあります。" 请予以
回答 " は " 请回答 " と同じ意味です。類似表現も覚えておきましょう。

予以支持	yǔyǐ zhīchí	応援する
予以同意	yǔyǐ tóngyì	許可する
予以表彰	yǔyǐ biǎozhāng	表彰する

交渉

1— 如果・要是

▶ **如果能在 10 号前交货，我们就可以考虑订购。**

Rúguǒ néng zài shí hào qián jiāohuò, wǒmen jiù kěyǐ kǎolǜ dìnggòu.

10 日前に納品可能でしたら、こちらは注文を考えます。

▶ **要是包装方面要求不太高的话，单价可以下调 5 个百分点。**

Yàoshi bāozhuāng fāngmiàn yāoqiú bú tài gāo de huà, dānjià kěyǐ xiàtiáo wǔ ge bǎifēndiǎn.

包装の点で厳しい要求がなければ、単価を 5 パーセント下げることができます。

▶ **如这项计划付诸实施，一定能使我们双方受益，望贵公司早日做出决断。**

Rú zhè xiàng jìhuà fù zhū shíshī, yídìng néng shǐ wǒmen shuāngfāng shòuyì, wàng guìgōngsī zǎorì zuòchū juéduàn.

この企画が実現できれば、きっと双方に利益をもたらすと思われます。速やかにご英断くださるようお願いいたします。

一言コメント

この "如" は "如果" と同じ意味です。"付诸～" は "付之于～" から来た表現です。"付诸实施" は書き言葉で「実施する」の意です。

▶ **您说的有道理，不过也请理解我们的难处。**

Nín shuōde yǒu dàolǐ, búguò yě qǐng lǐjiě wǒmen de nánchù.

おっしゃることも一理ありますが、事情をご賢察いただければ幸いです。

▶ **您的心情能够理解,不过我们这样做也是没有办法。**

Nín de xīnqíng nénggòu lǐjiě, búguò wǒmen zhèyàng zuò yě shì méiyǒu bànfǎ.

お気持ちは分かるのですが、致し方ないと考えております。

▶ **我们也希望提供最优惠的价格，但生产成本涨得厉害，这个报价已经非常合理了。**

Wǒmen yě xīwàng tígōng zuì yōuhuì de jiàgé, dàn shēngchǎn chéngběn zhǎng de lìhai, zhège bàojià yǐjīng fēicháng hélǐ le.

こちらも割安の価格をと思っているのですが、コストの値上がりが激しく、この価格は、妥当な線ではないかと思います。

▶ **运费可以考虑由我方承担，但 10 月 10 日交货恐怕很难办到。**

Yùnfèi kěyǐ kǎolǜ yóu wǒfāng chéngdān, dàn shí yuè shí rì jiāohuò kǒngpà hěn nán bàndào.

運賃はこちらで負担できるのですが、10 月 10 日までの納品というのは厳しそうです。

一言コメント

　この"由"は"（誰）が"に当たり、責任を持つ主体を指します。"可以考虑"は「検討する余地がある」「可能性がある」という意です。

▶ **除价格因素外，还请您多考虑一下市场占有率。**

Chú jiàgé yīnsù wài, hái qǐng nín duō kǎolǜ yíxià shìchǎng zhànyǒulǜ。

値段ばかりではなく、シェアもご考慮いただければと思います。

3— 与～相比

▶ **与其他厂家相比，贵公司的报价偏高。**

Yǔ qítā chǎngjiā xiāngbǐ, guì gōngsī de bàojià piāngāo。

ほかのメーカーと比べ、貴社の見積もりは若干高めではないでしょうか。

一言コメント

"偏高"は「高い方へ傾く」つまり「やや高い」意味です。

4— 最好

▶ **运费最好能由贵方承担。**

Yùnfèi zuìhǎo néng yóu guìfāng chéngdān。

運賃はご負担いただけると助かります。

一言コメント

この"最好"は「できることなら」「なるべく」の意味です。"由"は"(誰)が"に当たり、責任を持つ主体を指します。

5— 能不能・能否

▶ **具体内容能否面议?**

Jùtǐ nèiróng néngfǒu miànyì?

詳しい内容は直接会って相談させていただけないでしょうか?

一言コメント

"能否"は"能不能"と同じ意味です。"面议"は「面談する」の意です。

▶ **报价超过了我们公司的预算范围,能不能再优惠一些?**

Bàojià chāoguò le wǒmen gōngsī de yùsuàn fànwéi, néngbunéng zài yōuhuì yìxiē?

見積もりの価格が予算を上回りましたので、もう少し相談させていただけませんか?

▶ **我们公司考虑长期订货,价格能否再优惠一些?**

Wǒmen gōngsī kǎolǜ chángqī dìnghuò, jiàgé néngfǒu zài yōuhuì yìxiē?

今後長きにわたり注文したいと考えておりますので、価格の面で相談させていただけませんか?

6— 等候

▶ **我们等候贵方的回音。**

Wǒmen děnghòu guì fāng de huíyīn.

お返事、心待ちにしております。

7― 很难・难以

▶ **贵公司的建议我们很难立即答复，请给我们一点时间考虑一下。**

Guì gōngsī de jiànyì wǒmen hěn nán lìjí dáfù, qǐng gěi wǒmen yìdiǎn shíjiān kǎolǜ yíxià.

貴社のご提案に対して即答はできませんので、検討する時間を少しいただけないでしょうか。

▶ **我方难以接受这个价格。**

Wǒfāng nányǐ jiēshòu zhège jiàgé.

こちらは、この価格では難しいです。

> 一言コメント
>
> "难以～"は"很难～"と同じ意味で、改まった表現として使われます。

8― 无法

▶ **这次无法订购贵公司的商品。我们深感遗憾。**

Zhècì wúfǎ dìnggòu guì gōngsī de shāngpǐn. Wǒmen shēn gǎn yíhàn.

今回は注文を見合わせることにいたします。とても残念です。

> 一言コメント
>
> "无法～"は"不能～"と同じ意味で、改まった表現として使われます。

▶ **如果贵公司坚持这一价格，我们恐怕无法与贵公司进行交易。**

Rúguǒ guì gōngsī jiānchí zhè yī jiàgé，wǒmen kǒngpà wúfǎ yǔ guì gōngsī jìnxíng jiāoyì。

貴社がこの価格にこだわるようでしたら、今回の取引は成立できないと思います。

一言コメント

"恐怕"は「おそらく」です。"恐怕无法〜"という表現を使うと、少しだけ可能性が残っているニュアンスがあります。ただしこの表現はやんわり断るときにも使われます。

▶ **我方无法接受这个条件, 很遗憾这次无法与贵公司合作，但还是要谢谢您。**

Wǒfāng wúfǎ jiēshòu zhège tiáojiàn,hěn yíhàn zhècì wúfǎ yǔ guì gōngsī hézuò，dàn háishì yào xièxie nín。

私どもは、この条件を受け入れることができません。今回は見送らせていただきます。ありがとうございました。

▶ **希望以后有机会再合作！**

Xīwàng yǐhòu yǒu jīhuì zài hézuò！

またの機会によろしくお願いいたします。

9— 〜日之前

▶ **请在十月十日之前交货。**

Qǐng zài shí yuè shí rì zhīqián jiāohuò。

十月十日までに納品してください。

中国語では、時間を伝えるとき、○月○日以前、○月○日之前、○月○日前と三つの表現があります。すべて「○月○日以前に」の意味で、その日を含みます。

"到○月○日为止"という表現もあり、「○月○日まで」の意味で、その日を含みます。

「○月○日まで使用可能」"可用到○月○日为止"のような場合に使います。

○月○日以前	○月○日以前
○月○日より前	最晩至○月○日的前一天
○月○日まで	
○月○日まで継続する	到○月○日为止
書き手が「○月○日以前」として理解する場合	○月○日之前
書き手が「○月○日より前」として理解する場合	最晩至○月○日的前一天

10— その他

▶ 距离贵公司要求的交货期只有一周，时间太紧，我们来不及完成生产。

Jùlí guì gōngsī yāoqiú de jiāohuò qī zhǐyǒu yìzhōu, shíjiān tài jǐn, wǒmen láibùjí wánchéng shēngchǎn.

貴社が求める納品日まで1週間しかなく、時間的に厳しく、生産が間に合いそうにありません。

▶ 我方已经做出了巨大让步，如果您仍认为价格不合理的话，我们也无能为力了。

Wǒfāng yǐjīng zuòchū le jùdà ràngbù, rúguǒ nín réng rènwéi jiàgé bù hélǐ de huà, wǒmen yě wú néng wéi lì le.

すでに精一杯のところですので、これ以上の値引きには、お応えできません。

"无能为力"には「力になることができない」「なすすべがない」などの意味
があります。

▶ 本公司经手的都是名牌商品，价格略高也是理所当然，还请谅解。

Běn gōngsī jīngshǒu de dōu shì míngpái shāngpǐn, jiàgé lüè gāo yě shì lǐ
suǒ dāng rán, hái qǐng liàngjiě。

弊社が取り扱っているのはブランド品ばかりです。多少値がはるのは
当然です。どうかご理解をいただければと思います。

"理所当然"は「理の当然な」という意味です。

支払い

1― 付款・支付

▶ **请告知具体的支付方式。**

Qǐng gàozhī jùtǐ de zhīfù fāngshì。

支払い方法について、ご指示いただけないでしょうか。

一言コメント

支払い方法は、"付款方式"とも言います。

▶ **我们希望货到付款。**

Wǒmen xīwàng huò dào fù kuǎn。

着払いでお願いいたします。

▶ **4月19日寄来的发票已经收到，本公司将于30日之前完成支付。**

Sì yuè shíjiǔ rì jì lái de fāpiào yǐjīng shōudào, běn gōngsī jiāng yú sānshí rì zhīqián wánchéng zhīfù。

4月19日のインボイスはすでに届いております。弊社は30日までにお支払いする予定です。

▶ **收到货后，我支付了现金。**

Shōudào huò hòu, wǒ zhīfù le xiànjīn。

商品を受け取ったとき、現金で支払いました。

▶ 余款可否在本月付清？

Yúkuǎn kěfǒu zài běnyuè fùqīng?

残りの金額は今月中に支払っていただけますか？

> 一言コメント
>
> "可否"は"可不可以"と同じ意味です。

▶ 委托贵公司设计的宣传单已经收到，请告知付款方式。

Wěituō guì gōngsī shèjì de xuānchuán dān yǐjīng shōudào, qǐng gàozhī fùkuǎn fāngshì.

依頼したポスターを確かに受け取りました。支払方法をご指示いただけますでしょうか。

2— 汇（款）

▶ 请将货款汇到本公司的银行帐户上。

Qǐng jiāng huòkuǎn huì dào běn gōngsī de yínháng zhànghù shang.

代金は銀行振り込みでお願いいたします。

▶ 货款请汇到以下帐户。

Huòkuǎn qǐng huì dào yǐxià zhànghù.

代金を下記の口座にお振り込みいただければ幸いです。

▶ 我方已将货款汇至贵公司的中国银行帐户，烦请确认。

Wǒfāng yǐ jiāng huòkuǎn huì zhì guì gōngsī de Zhōngguó Yínháng zhànghù, fánqǐng quèrèn.

代金を中国銀行の貴社の口座に振り込みました。お手数ですがご確認いただければ幸いです。

▶ 今天我公司已通过银行汇上了设计费。

Jīntiān wǒ gōngsī yǐ tōngguò yínháng huì shàng le shèjìfèi.

今日はデザイン料を銀行で振り込みました。

▶ 贵公司在这么短的时间里就完成了汇款，真是非常感谢。

Guìgōngsī zài zhème duǎnde shíjiān lǐ jiù wánchéng le huìkuǎn, zhēnshì fēicháng gǎnxiè.

貴社におかれましては、このような短時間のうちにご入金いただき、誠に感謝しております。

3— 收款

▶ 我方尚未收到银行的到款通知，可否烦请确认？

Wǒfāng shàngwèi shōudào yínháng de dào kuǎn tōngzhī, kěfǒu fánqǐng quèrèn?

銀行の入金証明書がまだ届いておりません。お手数ですが確認していただけないでしょうか？

> 一言コメント
>
> "尚未"は"还没有"と同じ意味で、書くときのみ使われます。"烦请"は"麻烦你～"と同じ意味です。

▶ 本公司会计部门说尚未收到贵公司上个月该付的货款。

Běn gōngsī kuàijì bùmén shuō shàngwèi shōudào guì gōngsī shànggeyuè gāi fù de huòkuǎn。

先月お支払い予定の代金が、まだ確認できていない、と経理部に言われています。

書き言葉では、"应该"はよく"应""该"と省略されます。"应付"も"该付"も「支払うべき」の意味です。"应"よりも"该"の方がより口語的です。

▶ **汇款已收到，非常感谢。**

Huìkuǎn yǐ shōudào, fēicháng gǎnxiè.

入金の確認ができました。ありがとうございます。

4— 付款通知

▶ **现附上付款通知单，请按此付款。**

Xiàn fùshàng fùkuǎn tōngzhīdān, qǐng àncǐ fùkuǎn.

請求書を同封いたします。それに従い、お支払いください。

▶ **付款通知上请盖贵公司的财务章。**

Fùkuǎn tōngzhī shang qǐng gài guì gōngsī de cáiwù zhāng.

請求書に必ず財務専用印で捺印をお願いいたします。

5— 发票

▶ **请将发票随商品一同寄来。**

Qǐng jiāng fāpiào suí shāngpǐn yìtóng jì lái.

商品と一緒に領収書を送っていただけますか。

▶ **发票抬头请写"语言出版社"。**

Fāpiào táitóu qǐng xiě "yǔyán chūbǎnshè".

領収書の宛名は「語言出版社」でお願いいたします。

契約

1― 寄上・附上・收到

▶ **现附上意向书的草拟稿，各项条款请予确认。**
Xiàn fùshàng yìxiàngshū de cǎonǐ gǎo, gèxiàng tiáokuǎn qǐng yǔ quèrèn.
意向書の草案を同封いたします。各項目についてご確認いただけますでしょうか。

一言コメント

"请予以确认"は"请确认"と同じ意味です。

▶ **贵公司寄回的合同已经收到，预祝我们合作愉快。**
Guì gōngsī jì huí de hétong yǐjīng shōudào, yùzhù wǒmen hézuò yúkuài.
ご返送いただいた契約書を拝受いたしました。今後ともよろしくお願い申し上げます。

2― 回复・通知

▶ **请确认内容后，于５月５日之前回复我们。**
Qǐng quèrèn nèiróng hòu, yú wǔ yuè wǔ rì zhīqián huífù wǒmen.
内容をご確認の上、５月５日までにお返事いただけると助かります。

▶ **如对草拟稿有异见，请通知我们。**
Rú duì cǎonǐ gǎo yǒu yìjiàn, qǐng tōngzhī wǒmen.
草案に対して異議がございましたら、お知らせください。

3― 盖章・签字

▶ **今日已将两份合同的正本寄出，请盖章签字后将一份寄回。**

Jīnrì yǐ jiāng liǎng fèn hétong de zhèngběn jìchū, qǐng gàizhāng qiānzì hòu jiāng yí fèn jì huí.

今日は契約書原本 2 部を送付いたしました。ご署名、ご捺印の上、1部をご返送お願いいたします。

一言コメント

"合同"は「契約書」です。類義表現も覚えておきましょう。

备忘录	bèiwànglù	覚え書
意向书	yìxiàngshū	意向書・趣意書
协议书	xiéyì shū	合意書
正本	zhèngběn	原本
副本	fùběn	副本
签字	qiānzì	サインする
盖章	gài zhāng	捺印する

「ここに捺印してください」は話し言葉で"请在这里盖章。"と言います。

▶ **我公司已在合同上签字，昨天已用 EMS 寄还。**

Wǒ gōngsī yǐ zài hétong shang qiānzì, zuótiān yǐ yòng EMS jì huán.

弊社は契約書に署名した上、昨日、EMS で返送いたしました。

4— 拜读・研究・接受・签署

▶ **谢谢您寄来的草拟案。请允许我们研究后答复您。**

xièxie nín jì lái de cǎonǐ àn。Qǐng yǔnxǔ wǒmen yánjiū hòu dáfù nín。

草案を受け取りました。ありがとうございます。弊社で検討させていただき、お返事いたします。

一言コメント

"允许"は「許可する」、"请允许"は「～させてください」の意味です。

▶ **草拟合同已经拜读，我们没有什么异议。**

Cǎonǐ hétong yǐjīng bàidú，wǒmen méiyǒu shénme yìyì。

契約書草案を拝読しました。特に問題ございません。

▶ **我们公司接受草拟合同的各项条款，并希望尽早签署合同。**

Wǒmen gōngsī jiēshòu cǎonǐ hétong de gèxiàng tiáokuǎn，bìng xīwàng jǐnzǎo qiānshǔ hétong。

弊社は契約書草案のすべての条件に同意いたします。できるだけ早く契約を結びたいと思います。

5— 修改・修正

▶ **经公司讨论，我们对草拟合同略做了几点修正。现附上修正稿，请确认内容。**

Jīng gōngsī tǎolùn，wǒmen duì cǎonǐ hétong lüè zuò le jǐdiǎn xiūzhèng。Xiàn fùshàng xiūzhèng gǎo，qǐng quèrèn nèiróng。

社内で検討した結果、草案に少し修正を加えました。修正案を添付いたします。内容をご確認のほどよろしくお願いいたします。

▶ **对于本公司提出的修改条件，请贵公司予以考虑。**

Duìyú běn gōngsī tíchū de xiūgǎi tiáojiàn， qǐng guì gōngsī yǔyǐ kǎolǜ。

弊社の修正案について、ご検討いただければ幸いです。

一言コメント

"请予以考虑"は"请考虑"と同じ意味です。

納品

1― 购买・订（货）・订购

▶ **我们公司决定购买 50 册。**
Wǒmen gōngsī juédìng gòumǎi wǔshí cè.
弊社は 50 冊を注文することにします。

▶ **我们决定订购以下产品。另请告知我们具体的交货日期。**
Wǒmen juédìng dìnggòu yǐxià chǎnpǐn. Lìng qǐng gàozhī wǒmen jùtǐ de jiāohuò rìqī.
下記の商品を注文いたします。また具体的な納品日を教えてください。

▶ **现在订货的话，几天后能够送到?**
Xiànzài dìnghuò de huà, jǐ tiān hòu nénggòu sòngdào?
今注文すれば、何日後に届きますでしょうか？

▶ **非常感谢订购本公司产品。产品将于 12 号送达。**
Fēicháng gǎnxiè dìnggòu běn gōngsī chǎnpǐn. Chǎnpǐn jiāng yú shíèr hào sòngdá.
弊社製品をご注文ありがとうございます。12 日にお届けします。

2— 送（货）

▶ **可以指定送货上门的时间，请问 21 号的哪个时间段比较好？**

Kěyǐ zhǐdìng sònghuò shàngmén de shíjiān, qǐngwèn èrshíyī hào de nǎ ge shíjiān duàn bǐjiào hǎo?

商品お届けの時間をご指定いただけます。21 日のどの時間帯がよろしいでしょうか？

▶ **请在 10 点到 12 点之间送货。**

Qǐng zài shí diǎn dào shíèr diǎn zhījiān sònghuò.

商品受け取りの時間は 10 〜 12 時の間にしてください。

▶ **商品已经委托快递公司发出，送货时间为 6 月 3 日下午。**

Shāngpǐn yǐjīng wěituō kuàidì gōngsī fāchū, sònghuò shíjiān wéi liù yuè sān rì xiàwǔ.

6 月 3 日午後指定の宅配便で商品を発送いたしました。

3— 退（货）

▶ **商品被退回来了。请问填写的地址是否有误？**

Shāngpǐn bèi tuìhuí lái le. Qǐngwèn tiánxiě de dìzhǐ shìfǒu yǒu wù?

商品が戻ってきてしまいました。記入された住所に間違いはないでしょうか？

質問文の前に"请问"を入れると、より丁重になります。また、"地址写错了吗?"というようなストレートな書き方はしないで、"是不是写错了?""是否写错了?""是否有误?"と書いた方がいいでしょう。

▶ **十分抱歉，地址写错了，烦请更正为以下地址。**

Shífēn bàoqiàn, dìzhǐ xiě cuò le, fánqǐng gēngzhèng wéi yǐxià dìzhǐ.

住所を書き間違えました。申し訳ございません。お手数ですが、下記の住所に訂正お願いいたします。

"烦请"は"麻烦你～"の意味で、"更正为～"は「～に訂正する」の意です。

4― 査询

▶ **距离购买日已有三个星期，我公司至今未收到商品，能不能麻烦您帮忙查询一下。**

Jùlí gòumǎirì yǐ yǒu sānge xīngqī, wǒgōngsī zhìjīn wèi shōudào shāngpǐn, néng bu néng máfán nín bāngmáng cháxún yíxià.

購入からすでに3週間経ちましたが、商品がまだ届いていないので、お調べいただけないでしょうか。

"至今"は書き言葉で"到现在"の意味です。"未"(="没有")、"仍未"(="还没有")は書き言葉としてよく使われます。

▶ **我询问了运输公司，他们说明天一定送到。**

Wǒ xúnwèn le yùnshū gōngsī, tāmen shuō míngtiān yídìng sòngdào.

運搬会社に問い合わせた結果、明日必ずお届けするとのことです。

▶ **商品已经寄到了吗？ 如有什么问题，请随时联络。**

Shāngpǐn yǐjīng jì dào le ma? Rú yǒu shénme wèntí, qǐng suíshí liánluò.

注文品はもう届きましたでしょうか？ 何かございましたら、いつでもご連絡ください。

5— 收到

▶ **商品已经收到，谢谢！**

Shāngpǐn yǐjīng shōudào, xièxie!

商品を受け取りました。ありがとうございます。

▶ **商品已经收到,但发现了一个次品,不知能否更换?**

Shāngpǐn yǐjīng shōudào, dàn fāxiàn le yí ge cìpǐn, bùzhī néngfǒu gēnghuàn?

商品は届いたのですが、不良品が一つあります。交換していただけますでしょうか？

一言コメント

"不知能否〜"は書き言葉で"能不能〜"と同じ意味です。

▶ **商品按期到货，非常感谢。**

Shāngpǐn ànqī dàohuò, fēicháng gǎnxiè。

商品は予定通り受け取りました。どうもありがとうございます。

6— 退换・更换

▶ **送来的商品几乎全都破损了。我们要求全部更换。**

Sònglái de shāngpǐn jīhū quándōu pòsǔn le。Wǒmen yāoqiú quánbù gēnghuàn。

商品がほとんど壊れています。全品交換をお願いします。

▶ **我们的工作失误给您造成了巨大损失，我们将承担退换货过程中产生的全部费用。**

Wǒmen de gōngzuò shīwù gěi nín zàochéng le jùdà sǔnshī, wǒmen jiāng chéngdān tuìhuàn huò guòchéng zhōng chǎnshēng de quánbù fèiyòng。

私どもの手違いにより、お客様に損失を与えてしまいました。返品・交換で生じる費用は全額こちら側で負担させていただきます。

一言コメント

この"将"は書き言葉で、これからの予定などに使います。

催促

1— 如何

▶ **工作进展如何？ 能按期交货吗？**

Gōngzuò jìnzhǎn rúhé?Néng ànqī jiāohuò ma?

仕事の進展はいかがですか？ 期日通りに納品できますか？

一言コメント

"如何"は書き言葉で"怎么样"と同じ意味です。

2— 已（经）

▶ **上次那件事已经办好了吗？**

Shàngcì nà jiàn shì yǐjīng bànhǎo le ma?

例の件は、もう終わりましたでしょうか？

▶ **有关价格的事情，你已向陈总汇报了吗？**

Yǒuguān jiàgé de shìqíng, nǐ yǐ xiàng Chénzǒng huìbào le ma?

価格の件は、陳社長に報告していただけましたでしょうか？

一言コメント

"汇报"は「事後に報告する」意味です。"报告"は事前にも事後にも使えます。

▶ **贵公司申请的专利是否已经获批，请告知。**

Guì gōngsī shēnqǐng de zhuānlì shìfǒu yǐjīng huò pī, qǐng gàozhī。

貴社が申請中の特許は、すでに承認されておりますか。教えていただければ幸いです。

> 一言コメント
>
> "告知"は書き言葉で、"告诉我""让我知道"の意味です。

3— 一定要

▶ **证明材料一定要在 5 月 5 日前寄到。**

Zhèngmíng cáiliào yídìng yào zài wǔ yuè wǔ rì qián jì dào。

証明書類は 5 月 5 日までに届かなければなりません。

4— 务必

▶ **请务必在周一前跟他取得联系。**

Qǐng wùbì zài zhōuyī qián gēn tā qǔdé liánxì。

月曜日までに、必ず彼と連絡を取ってください。

> 一言コメント
>
> "务必"は書き言葉で、"一定要"と同じ意味です。"取得联系（連絡を取る）"は"联系"と同じ意味です。上の文は、話し言葉では"请一定要在周一前联系他。"となります。

▶ **请务必在下周内交货，否则就来不及了。**

Qǐng wùbì zài xiàzhōu nèi jiāohuò, fǒuzé jiù láibùjí le。

来週中に必ず納品ください。でなければ間に合わなくなります。

上の文は、話し言葉では"下周内一定要交货，不交就来不及了。"となります。

5— その他

▶ **一直没有您的回信，不知 5 月 3 日我发给您的邮件您收到了吗？**

Yìzhí méiyǒu nín de huíxìn, bùzhī wǔ yuè sān rì wǒ fā gěi nín de yóujiàn nín shōudào le ma?

まだお返事をいただけていないのですが、5月3日にお送りしたメールは届いておりますでしょうか？

▶ **因资料不全，我们无法开始工作，切盼您尽快将资料寄来。**

Yīn zīliào bù quán, wǒmen wúfǎ kāishǐ gōngzuò, qièpàn nín jǐnkuài jiāng zīliào jì lái.

資料がそろっていないため、仕事が始められません。至急お送り願います。

▶ **上星期五给您发过邮件，但无回音。恳请您在百忙之中给我回个信。**

Shàng xīngqīwǔ gěi nín fā guo yóujiàn, dàn wú huíyīn。kěnqǐng nín zài bǎi máng zhī zhōng gěi wǒ huí ge xìn。

先週金曜日にメールを送ったのですが、お返事が届いていないようです。お忙しいところ恐縮ですが、折り返しお返事いただけないでしょうか。

▶ 客户来催了好几次，这批货不能再拖了。

Kèhù lái cuī le hǎojǐ cì, zhè pī huò bù néng zài tuō le。

クライアントに何回も催促されており、今回の納期は、これ以上延期できません。

訪問

1— 安排・抽・挤～时间

▶ **您能否为此安排时间？**

Nín néngfǒu wèicǐ ānpái shíjiān?

この件でお時間を作っていただけませんか？

> **一言コメント**
>
> "能否"は書き言葉で、"能不能"と同じ意味です。"为此"は"为了这件事"と同じ意味です。

▶ **我想拜访一下贵公司，不知您是否能安排出时间？**

Wǒ xiǎng bàifǎng yíxià guì gōngsī, bùzhī nín shìfǒu néng ānpái chū shíjiān?

貴社に伺いたいのですが、お時間を頂戴できないでしょうか？

> **一言コメント**
>
> "是否能"は書き言葉で、"是不是能""能不能"と同じ意味です。

▶ **最近抽不出时间见面，通过电话谈好吗？**

Zuìjìn chōu bùchū shíjiān jiànmiàn, tōngguò diànhuà tán hǎo ma?

近々、お会いする時間は作れません。電話で相談させていただけないでしょうか？

2— 占用～时间

▶ **能否占用一点您的宝贵时间，让我介绍一下本公司的产品？**

Néngfǒu zhànyòng yìdiǎn nín de bǎoguì shíjiān, ràng wǒ jièshào yíxià běn gōngsī de chǎnpǐn?

貴重な時間をいただき、弊社の製品を紹介させていただけないかと思っております。

▶ **我希望登门拜访，能占用您一点时间，让我做一下说明吗？**

Wǒ xīwàng dēngmén bàifǎng, néng zhànyòng nín yìdiǎn shíjiān, ràng wǒ zuò yíxià shuōmíng ma?

そちらにお邪魔し、少しお時間をいただき説明させていただけないでしょうか？

3— 定时间

▶ **陈总也希望与您洽谈一下，我们定个时间好吗？**

Chén zǒng yě xīwàng yǔ nín qiàtán yíxià, wǒmen dìng ge shíjiān hǎo ma?

社長の陳も御社とお目に掛かりたいと考えております。時間を決めましょう。

▶ **我下周会空一些，就定在下星期五见面吧。**

Wǒ xiàzhōu huì kòng yìxiē, jiù dìng zài xià xīngqīwǔ jiànmiàn ba。

来週は少し空いておりますので、お会いするのは来週の金曜日にしましょうか。

▶ **时间定在下周四 5 点左右可以吗?**

Shíjiān dìng zài xiàzhōusì wǔ diǎn zuǒyòu kěyǐ ma?

時間は来週木曜日の 5 時ごろでもよろしいでしょうか？

 4— 改时间

▶ **明天经理有事，可能来不了了，可否改个时间?**

Míngtiān jīnglǐ yǒushì, kě néng lái bù liǎo le, kěfǒu gǎi ge shíjiān?

明日、マネージャーに用事があり、伺えなくなる可能性が出てきました。
日時を変更させていただけないでしょうか？

▶ **因有急事，见面时间改到星期五可以吗?**

Yīn yǒu jíshì, jiànmiàn shíjiān gǎi dào xīngqīwǔ kěyǐ ma?

急用ができたので、面会の日程を金曜日に変更できませんか？

 5— 定地方

▶ **在哪里谈都没问题，地点请由贵方决定吧。**

Zài nǎlǐ tán dōu méi wèntí, dìdiǎn qǐng yóu guìfāng juédìng ba。

打ち合わせの場所は、どこでも構いませんので、場所はそちらで決め
ていただけないでしょうか。

一言コメント

"由"は"（誰）が"に当たり、責任を持つ主体を指します。

6— 改地方

▶ **原定的第一会议室有个紧急会议，我们改在大堂咖啡厅见面吧。**

Yuándìng de dì-yī huìyìshì yǒu ge jǐnjí huìyì, wǒmen gǎi zài dàtáng kāfēitīng jiànmiàn ba。

予定していた第1会議室は緊急の会議が入ったため、ロビーのカフェでお会いしましょう。

7— 等候・恭候

▶ **好的。我在办公室等候您。**

Hǎo de。Wǒ zài bàngōngshì děng hòu nín。

かしこまりました。オフィスでお待ちしております。

▶ **期待在大阪与您见面。**

Qīdài zài Dàbǎn yǔ nín jiànmiàn。

大阪でお目に掛かるのを楽しみにしています。

▶ **时间由您定吧。我随时恭候。**

Shíjiān yóu nín dìng ba。Wǒ suíshí gōnghòu。

時間はお任せいたします。いつでもお待ちしております。

一言コメント

恭候　gōnghòu　うやうやしく待つ

▶ 那么，我在办公室恭候您的光临。
Nàme, wǒ zài bàngōngshì gōnghòu nín de guānglín。
では、事務所でお待ちしております。

8― その他

▶ 我们在大光明电影院附近的星巴克见面吧。
Wǒmen zài Dàguāngmíng diànyǐngyuàn fùjìn de Xīngbākè jiànmiàn ba。
大光明映画館近くのスターバックスでお会いしましょうか。

▶ 附上从新宿车站到本公司的地图。
Fùshàng cóng Xīnsù chēzhàn dào běn gōngsī de dìtú。
新宿駅から弊社までの地図を添付いたします。

▶ 如果找不到，请打我的手机。
Rúguǒ zhǎobúdào，qǐng dǎ wǒ de shǒujī。
見つからなければ、携帯にお電話ください。

▶ 请您先坐地铁到品川，再换开往五反田的巴士，
到终点后，便可见到我们公司的牌子。
Qǐng nín xiān zuò dìtiě dào Pǐnchuān，zài huàn kāiwǎng Wǔfǎntián de
bāshì，dào zhōngdiǎn hòu，biàn kě jiàndào wǒmen gōngsī de páizi。
地下鉄で品川駅までお越しいただき、五反田行きのバスに乗り換えて
終点で降りると、弊社の看板が見えます。

▶ 在１号口出站后往右拐，大概走两分钟便可看到
天桥，公司就在天桥旁边。
Zài yī hào kǒu chū zhàn hòu wǎng yòu guǎi，dàgài zǒu liǎng fēnzhōng
biàn kě kàndào tiānqiáo，gōngsī jiù zài tiānqiáo pángbiān。
１番出口から駅を出られたら、右へ曲がってください。２分間ぐらい歩
くと、歩道橋が見えます。会社は歩道橋の隣にございます。

▶ **到了公司，请在服务台打电话叫我，我下去接您。**

Dào le gōngsī, qǐng zài fúwùtái dǎ diànhuà jiào wǒ, wǒ xiàqu jiē nín。

会社に着いたら、受付からお電話いただけますか。お迎えに上がります。

▶ **我会在大厅等您。如果见不到我，请稍等一下。**

Wǒ huì zài dàtīng děng nín。Rúguǒ jiàn búdào wǒ, qǐng shāo děng yíxià。

ロビーでお待ちしております。見当たらないようでしたら、少しお待ちいただけますか。

▶ **跟门卫说找王军就可以进来了。**

Gēn ménwèi shuō zhǎo Wáng Jūn jiù kěyǐ jìnlai le。

警備員に、王軍と約束があると伝えれば、お入りいただけます。

▶ **我借了一间会议室，可以坐 10 个人。**

Wǒ jiè le yì jiān huìyìshì, kěyǐ zuò shí ge rén。

会議室を借りました。10 人入ります。

▶ **请在站台上稍等，不要出站。**

Qǐng zài zhàntái shang shāo děng, bú yào chū zhàn。

改札口を出ないで、ホームでお待ちください。

▶ **如果提前到了，请在绿岛咖啡厅等我，不见不散！**

Rúguǒ tíqián dào le, qǐng zài Lǜdǎo kāfēitīng děng wǒ, bú jiàn bú sàn!

早めに着いた場合、緑島カフェでお待ちいただけますか。必ず会いましょう。

一言コメント

"不见不散"は「会えるまで帰らない」という意味の慣用表現です。

▶ **我们在人民广场地铁 1 号出入口见吧。**

Wǒmen zài Rénmín Guǎngchǎng dìtiě yī hào chūrùkǒu jiàn ba。

人民広場地下鉄 1 番出口でお会いしましょう。

▶ **很期待今晚与您见面。**

Hěn qīdài jīnwǎn yǔ nín jiànmiàn.

今晚お会いするのを楽しみにしています。

▶ **我订好了位子，如果您先到了，就请直接进去吧。**

Wǒ dìng hǎo le wèizi, rúguǒ nín xiān dào le, jiù qǐng zhíjiē jìnqu ba.

席を予約しております。先に着いた場合は、直接中にお入りください。

▶ **我是用王翔的名字预约的。**

Wǒ shì yòng Wáng Xiáng de míngzi yùyuē de.

王翔の名前で予約しています。

▶ **我马上到！**

Wǒ mǎshàng dào!

すぐ着きます。

▶ **因为堵车，我估计要迟到 30 分钟，很抱歉，请您稍等。**

Yīnwèi dǔchē, wǒ gūjì yào chídào sānshí fēnzhōng, hěn bàoqiàn, qǐng nín shāo děng.

渋滞のため、30 分ぐらい遅刻しそうです。申し訳ございません。少しお待ちいただけますか。

▶ **可否在下周四至周六之间提几个合适的时间备选？**

Kěfǒu zài xiàzhōusì zhì zhōuliù zhījiān tí jǐge héshì de shíjiān bèi xuǎn?

来週の木曜から土曜の間に候補の時間を 2、3 挙げていただけますか？

一言コメント

"可否"は"可不可以"と同じ意味です。"备选"は「候補になる」という意です。

3
―
章

その他

メール
携帯メール
チャット
SNS
はがき
カード
封筒

メール

中国語のメールには、以下の要素があります。

	文件 (F)	编辑 (E)	查看 (V)	插入 (I)	格式 (O)	工具 (T)	邮件 (M) ≫

	⊠ 发送	✂ 剪切	📋 复制	📋 粘贴	↶ 撤消	☑ 检查	👍 拼写检查

送信者 ………… 发件人：
宛先 …………… 收件人：
CC ……………… 抄送：
BCC …………… 秘送(密送)：
件名 …………… 主题：
添付ファイル … 附件：

メール画面

2— 件名

件名は、簡潔に用件を書きます。

关于报价
Guānyú bàojià

見積もりについて

收到礼物
Shōu dào lǐwù

プレゼントを頂きました

问候！
Wènhòu!

ごあいさつ

答复（回复）：订货单
Dáfù (huífù): Dìnghuò dān

Re：注文票

3— 本文の構成

中国語のメールは、手紙の簡略版ですので、まず中国語の手紙の構成要素を
みてみましょう。

宛名 (称谓) ·························	王总经理：
あいさつ (应酬语) ················	您好！
本文 (正文) ·························	关于贵公司新产品的价格，我想向您咨询一下。具体问题请见附件。望您在下周一前给予答复。
結び (结尾) ·························	顺祝 商祺！
署名と日付 (署名和日期) ········	陈 向群 2020 年 10 月 8 日

宛名は「伝統式」と「西洋式」の2種類あります。

伝統式

名字＋役名・職名・敬称名など。

王总经理　王社長　　　**李部长**　李部長
Wáng zǒng jīnglǐ　　　　　Lǐ bùzhǎng

西洋式

　名字＋役名・職名・敬称などの前に、英語の Dear に当たる "尊敬的" "亲爱的" を付けます。

尊敬的王总经理　　　敬愛なる王社長
Zūnjìng de Wáng zǒng jīnglǐ

亲爱的李明先生　　　Dear 李明様
Qīn'ài de Lǐ Míng xiānsheng

尊敬的各位顾客　　　尊敬するお客様
Zūnjìng de gèwèi gùkè

亲爱的网友（们）　　親愛なるネットユーザーの皆さま
Qīn'ài de wǎngyǒu(men)

役名・職名

　よく使う役名・職名は、以下です。

总经理　　社長　　　　　　**老师**　　先生
zǒng jīnglǐ　　　　　　　　　 lǎoshī

经理　　　マネージャー　　**医生**　　医師
jīnglǐ　　　　　　　　　　　　 yīshēng

科长　　　課長　　　　　　**工程师**　エンジニア
kēzhǎng　　　　　　　　　　　 gōngchéngshī

校长　　　校長　　　　　　**律师**　　弁護士
xiàozhǎng　　　　　　　　　　 lǜshī

中国では、目上の人に対してフルネームで呼ぶのは失礼とされています。初めてのメールではフルネームで"刘德昌总经理"としても、慣れてくれば"刘总经理"にした方が良いでしょう。また、「副」の付く役職名の場合、あえて"副"を書かない人が多いです。

敬称

　役職名を知らないか、強調する必要がない場合は、名前の後に一般的な敬称を付けます。

男性の場合	○○**先生** xiānsheng
女性の場合	○○**女士**、○○**小姐** nǚshì　　　xiǎojiě

　もともと"女士"は既婚者に、"小姐"は未婚者に付けていたのですが、最近は、曖昧になってきました。敬意を払うべき年上の女性は"女士"、親しい若い女性は"小姐"としましょう。相手が年上かどうか分からず迷ったときは、女士にしておけば、失礼になりません。

　性別が分からない場合は、できるだけ役職名を付けましょう。

　また、親しくなれば、名字の前に"小"や"老"を付けて、"小刘"、"老刘"のように書きます。男女共通です。

　ただ、"司马"や"诸葛"のような 2 文字以上の名字や、日本人の名前には、"小"や"老"は付けません。

　また、"德昌"のように、下の名前だけ書くこともあります。これは親しさを込めた呼び方です。目上の人を下の名前だけで呼ぶことはありません。

その他

　相手の名前が分からない場合は、次のように書きます。

网络编辑　　　　　ネット管理者
wǎngluò biānjí

海外联络部负责人　海外連絡部責任者
hǎiwài liánluò bù fùzé rén

また複数の相手にメールを送る場合は、次のように書きます。

人事部各位领导　　　人事部幹部の皆さま
rénshì bù gèwèi lǐngdǎo

营销部各位　　　　　営業部の皆さま
yíngxiāo bù gèwèi

5— あいさつ

　あいさつには、次のように４種類あります。その一つか二つ書けば大丈夫です。最近は、"您好！"だけか、あいさつなしで本題に入ることも多いです。

簡単なあいさつ　**您好！／你好！／你们好！**
Nín hǎo! / Nǐ hǎo! / Nǐmen hǎo!

　　　　　　　敬启者（台湾でよく使われます）
Jìngqǐzhě

安否のあいさつ　**最近忙吗？**
Zuìjìn máng ma?

　　　　　　　最近在忙什么？
Zuìjìn zài máng shénme?

　　　　　　　近况如何？
Jìnkuàng rúhé?

感謝やお詫び　**来信收悉，感谢您的关心。**
Láixìn shōu xī, gǎnxiè nín de guānxīn。

時候のあいさつ　**时值盛夏，想必别来无恙！**
Shí zhí shèngxià, xiǎngbì bié lái wúyàng!

　　　　　　　严冬将至，请多注意身体！
Yándōng jiāng zhì, qǐng duō zhùyì shēntǐ!

6— 本文

段落の文頭は2字下げますが、短いメールでは下げない人も多いです。

7— 結び

結びには2種類あり、そのうちどちらか1種類を使います。メールでは、"祝～"式をよく使います。

「祝～」式

祝　身体健康　工作顺利!
Zhù　shēntǐ jiànkāng　gōngzuò shùnli!
健康で楽しく仕事ができますように!

祝　旅途愉快　一路顺风!
Zhù　lǚtú yúkuài　yí lù shùn fēng!
良いご旅行を!

祝　万事如意　心想事成!
Zhù　wànshì rúyì　xīn xiǎng shì chéng!
すべての願いがかないますように!

祝　学习进步!
Zhù　xuéxí jìnbù!
勉強が進歩しますように!

祝　早日康复!
Zhù　zǎorì kāngfù!
一日も早い回復をお祈りしております。

祝　阖家幸福!
Zhù　héjiā xìngfú!
ご家族のご多幸をお祈りしております。

祝　夏安！

Zhù　xià ān!

良い夏を！

順祝　安好！

Shùn zhù　ānhǎo!

よろしくお願いします。（直訳：すべてうまくいきますように）

順祝　商祺！

Shùn zhù　shāng qí!

よろしくお願いします。（直訳：ビジネスがうまくいきますように！）

＊ “順” の意味は「ついでに」です。

　　　　　　此致

　　　　　　Cǐzhì

敬礼！

Jìnglǐ!

敬具

 8― 署名と日付

　名前の上に所属を書き、署名の下に日付を書きます。メールでは日付を書かない人もいます。署名の後に、“拜” “拜上” “敬上” と書くこともあります。

田中 朋子　拜

2020 年 9 月 1 日

＊手紙の場合は右寄せ。

9— 構成の傾向

メールの構成は、手紙を簡略化した形で、次のような傾向があります。原則と傾向を知った上で、自分のスタイルを作っていきましょう。

宛名の付け方	①伝統式 ＞ ②西洋式
あいさつの有無	①簡単 ＞ ②安否 ＞ ③感謝 ＞ ④時候
結びの書き方	①「祝～」式＞ ②「敬礼！」式

10— 句読点・引用符

中国語の句読点と引用符です。

。	句号	句点	日本語の句点と同じ。半叙文の文末に付ける。
，	逗号	カンマ	日本語の読点（、）と同じ。文の切れ目を示す。
、	頓号	読点	日本語の中グロ（・）に相当し、並列を表す。
？	问号	疑問符	疑問文に必ず付ける。
！	感叹号	感嘆符	感嘆文に必ず付ける。
:	冒号	コロン	引用文の前に付ける。
" "	双引号	ダブルクォーテーション	引用文に付ける。日本語のカギカッコ（「 」）と同じ。または、強調する部分に付ける。日本語の二重カギカッコ（『 』）と同じ。
' '	単引号	シングルクォーテーション	引用文中、引用・強調される部分の前後に付ける。
《 》	书名号	二重山カッコ	書名・雑誌名に使う。日本語の二重カギカッコ（『 』）と同じ。
;	分号	セミコロン	並列する文の間に使う。
（ ）	括号	カッコ	日本語のカッコと同じ。説明となる内容をくくる。
——	破折号	ダッシュ	副題の前、または挿入する部分の前後に付ける。

我们诚邀王总经理和刘部长莅临下周的会议并讲话。

Wǒmen chéngyāo Wáng zǒngjīnglǐ hé Liú bùzhǎng lìlín xiàzhōu de huìyì bìng jiǎnghuà.

王社長、劉部長を来週の会議にお招きして、会議での発言をお願いする次第です。

她说："今天收到了《中国经济改革—— 20 年来的回顾》一书。"

Tā shuō: "Jīntiān shōudào le《Zhōngguó jīngjì gǎigé —— 20 nián lái de huígù》yì shū."

彼女は「今日『中国経済改革―この 20 年を振り返る―』という本を頂きました」と言いました。

　感嘆符と疑問符の使い方は、日本語と中国語では違いますので気を付けましょう。

感嘆符

　親しくても、日本語では目上の方に「王社長、こんにちは！」と「！」を付けるには、抵抗を感じるかもしれません。しかし中国語では、"王总经理:您好 !"と「！」を付けなければいけません。

　中国語の感嘆文には必ず感嘆符を付けることになっています。

今天真热!
Jīntiān zhēn rè!

暑いですね。

太感谢您了!
Tài gǎnxiè nín le!

どうもありがとうございます。

疑問符

　日本語の疑問文では「？」を付けても付けなくても問題はありません。しかし、中国語の場合、疑問文には必ず「？」を付けます。

什么时候到货?
Shénme shíhòu dào huò?

入荷するのはいつですか？

最近可好?
Zuìjìn kě hǎo?

最近お元気ですか？

11— 人名の漢字表記

中国大陸では簡体字を、台湾では繁体字を使っています。字の形は日本語の漢字と同じものもあれば、違うものもあります。よって、日本人の名前の漢字表記は、名前によって異なります。

1 日本語の漢字と簡体字、繁体字の表記が同じ場合、そのまま使えます。

日本語の漢字	繁体字	簡体字
藤田 花子	藤田 花子	藤田 花子
田村 智子	田村 智子	田村 智子

2 繁体字の表記と同じで簡体字と異なる名前は、台湾へのメールではそのままですが、大陸へのメールでは簡体字で書きましょう。

日本語の漢字	繁体字	簡体字
細川 秀樹	細川 秀樹	細川 秀樹
鈴木 美由紀	鈴木 美由紀	铃木 美由纪

3 簡体字の表記と同じで繁体字と異なる名前は、大陸へのメールではそのままですが、台湾へのメールでは繁体字で書きましょう。

日本語の漢字	繁体字	簡体字
田中 国夫	田中 國夫	田中 国夫

4 日本で簡略化され、かつ中国の簡体字と字体が違う名前は、台湾へのメールでは旧字を使い、大陸へのメールは簡体字で書きましょう。

日本語の漢字	繁体字	簡体字
小沢 広樹	小澤 廣樹	小泽 广树
植村 桜子	植村 櫻子	植村 櫻子
浜崎 実	濱崎 實	滨崎 实

特に、日本語の「浜」の旧字「濱」の簡体字は"滨"bīn で、「海辺や川辺」を意味します。簡体字でも"浜"bāng の字を使いますが、「小さい湖」の意ですので、気を付けましょう。

5 日本で作られた、日本独自の漢字「国字」の扱いには注意しましょう。形の近い代用漢字を使う方法があります。

日本語の漢字	繁体字	簡体字
小畑	小田	小田
和辻	和十	和十
小笹	小世	小世

　国字は中文入力ソフトで入力できませんが、日本語で入力したデータをコピー&ペーストし、簡体字フォントに変更できます。文字化けの可能性もありますので、ローマ字を併記するのが良いでしょう。
　また、苗字と名前の区切りが分かるように、半角スペースを空けた方が親切です。

岡 隆史　　　　**冈 隆史**

 12— ビジネスメールに適した書面語

　すらすら中国語でメールが書けるようになるには、どのような点に気を付ければいいでしょうか。まず、決まった言い回しを書き留めていくと良いと思います。

感謝	⇨ **衷心地感谢** zhōngxīn de gǎnxiè	心から感謝します。
手配	⇨ **周到的安排** zhōudào de ānpái	行き届いた手配
プレゼント	⇨ **精美的礼物** jīngměi de lǐwù	素敵なプレゼント

もてなす	⇨ **盛情款待** shèngqíng kuǎndài	気持ちが込もったもてなし
（相手が）忙しい	⇨ **百忙之中** bǎi máng zhī zhōng	大変忙しい中

　また、メールでは、砕けすぎず硬くなりすぎない書面語を使いますので、普段から書面語と口語表現の違いを意識しておくと良いでしょう。

　では、口語と書面語の異なる点をいくつか紹介します。

1字の単語

　中国語では、2字以上の単語のほとんどは、各字が独立した意味を持っています。よって、1字単独でも使えます。概して言えば、話しやすさやリズムの良さを求めて口語では2字を好みますが、書くときは、字数を減らす傾向があります。

応该⇨ 应
这份资料应送交人事部。
Zhè fèn zīliào yīng sòngjiāo rénshì bù.
この資料は人事部に送るべきです。

应该⇨ 该
这笔经费该找谁报销？
Zhè bǐ jīngfèi gāi zhǎo shéi bàoxiāo?
この費用の払い戻しはどちらにお願いすべきですか？

因为⇨ 因
因时间有限，今天恐无法详谈。
Yīn shíjiān yǒuxiàn, jīntiān kǒng wúfǎ xiáng tán.
時間の関係で、今日はおそらく詳しく話せません。

已经⇨ 已
材料我方已寄出。
Cáiliào wǒ fāng yǐ jì chū.
こちらはすでに資料を郵送しました。

その他

但是⇨ 但

我方基本上同意，但细节尚需推敲。

Wǒ fāng jīběn shàng tóngyì, dàn xìjié shàng xū tuīqiāo。

こちらは基本的に賛成しますが、細かいところはまだ検討する必要があります。

補助的な動詞

　日本語のフォーマルな文書では「貨物を検査する」を「貨物に対して検査を行う」と表現することがあります。これと同様に、中国語のメールでも、"检查货物"を"对货物进行检查"と書くことがよくあります。普段から"进行"などの補助的な役割を果たす動詞に留意しましょう。

进行　我方将对此进行研究。

jìnxíng　Wǒ fāng jiāng duìcǐ jìnxíng yánjiū。

こちらはこれを検討する予定です。

实施　我们从上周起对此实施了调整。

shíshī　Wǒmen cóng shàngzhōu qǐ duìcǐ shíshīle tiáozhěng。

先週からこの調整が行われています。

做出　请尽早做出决定。

zuò chū　Qǐng jǐnzǎo zuò chū juédìng。

できるだけ早く決定してください。

尊敬表現と謙譲表現

　中国語でも、失礼にならないように、尊敬表現と謙譲表現を意識して使い分けましょう。中国語では、語彙を変えることで敬意を表します。

日本語	中国語	尊敬	謙譲
相手の会社	你们公司	贵公司	
自分の会社	我们公司		敝公司
待つ	等		恭候　敬候 （お待ちしております）
来る	来	光临　光顾　惠顾 （いらっしゃる）	拜访（伺う）
郵送する	寄	惠寄（郵送してくださる）	寄上（お送りします）
贈る	送	惠赠（くださる）	送上　呈上

漢文で見かける表現

　学校で勉強した漢文で見かける一部の表現は、現代中国語の書き言葉に残っています。

漢文表記 ・書き言葉	口語	日本語（日本語の漢字表記）
如何	怎么样	いかが（如何）
何时	什么时候	いつ（何時）
何处	哪里、什么地方	どこ（何処）

　書き言葉と日本語の漢文表記が似ているものがあります。現在は、口語では使われず、書面語としてのみ使われています。

　そのほか、副詞、前置詞、接続詞なども古い時代の表現もいくつか覚えると便利です。

古い時代の表現＝口語		
便＝就	一收到通知，我便去付款。	知らせが届き次第、支払います。
将＝把	请将付款通知单寄至财务科。	請求書を財務係にお送りください。
将＝会	我将于下月至北京访问。	来月、北京を訪問する予定です。

▶ **所需文件，我用附件发给您。**
Suǒ xū wénjiàn, wǒ yòng fùjiàn fāgěi nín。
必要なファイルを添付でお送りします。

▶ **请把部长的邮件转发给我。**
Qǐng bǎ bùzhǎng de yóujiàn zhuǎnfā gěi wǒ。
部長のメールをこちらに転送してください。

▶ **我已经把人事部发来的邮件群发给大家了。**
Wǒ yǐjīng bǎ rénshìbù fā lái de yóujiàn qúnfāgěi dàjiā le。
人事部からのメールをみんなに CC で送りました。

▶ **我把这个文件上传到云盘上了。**
Wǒ bǎ zhège wénjiàn shàngchuán dào yúnpán shang le。
このファイルをサーバーに置きました。

▶ **文件太大了，无法上传。**
Wénjiàn tài dà le, wúfǎ shàngchuán。
ファイルが大きすぎて、添付できません。

▶ **不好意思，刚才忘了添加附件了。**
Bù hǎoyìsi, gāngcái wàng le tiānjiā fùjiàn le。
添付を忘れ、失礼しました。

▶ **邮件被退回来了。**
Yóujiàn bèi tuìhuílai le。
メールが返ってきました。

▶ **因被视为垃圾邮件，该邮件已被删除。**
Yīn bèi shìwéi lājī yóujiàn, gāi yóujiàn yǐ bèi shānchú。
このメールは迷惑メールとみなされ、削除されました。

▶ **抄送（cc）：陈群经理、刘冰经理**
Chāosòng (cc)：Chén Qún jīnglǐ、Liú Bīng jīnglǐ。
CC：陳群様、劉氷様

▶ **此邮件是以密送（Bcc）形式发出的。**
Cǐ yóujiàn shì yǐ mì sòng (Bcc) xíngshì fāchū de。
このメールは BCC で送信しました。

▶ **点击下面的链接就可以跳转至下载页面。**
Diǎnjī xiàmiàn de liànjiē jiù kěyǐ tiàozhuǎn zhì xiàzài yèmiàn。
下記のリンクをクリックしていただくと、ダウンロード用ページに移動します。

▶ **下载文件须输入以下密码。**
Xiàzài wénjiàn xū shūrù yǐxià mìmǎ。
このファイルをダウンロードするには、このパスワードを入力することが必要です。

▶ **压缩包解压缩后即可使用。**
Yāsuō bāo jiěyāsuō hòu jí kě shǐyòng。
Zip ファイルを解凍してから使用できます。

▶ **请把文件扫描以后发给我。**
Qǐng bǎ wénjiàn sǎomiáo yǐhòu fāgěi wǒ。
ファイルをスキャンして送ってください。

▶ **下载链接的有效期过了，可否再发一次？**
Xiàzài liànjiē de yǒuxiàoqī guò le，kěfǒu zài fā yí cì?
ダウンロード用のリンクの使用期限がすぎました。もう一度送ってもらえますか？

▶ **附件里可能包含病毒，请删除。**
Fùjiàn lǐ kěnéng bāohán bìngdú，qǐng shānchú。
ファイルにウイルスが含まれている可能性がありますので、削除してください。

▶ **电脑中病毒了。**
Diànnǎo zhòng bìngdú le。
パソコンがウイルスにやられました。

▶ **账号被盗了。**
Zhànghào bèi dào le。
（SNS などの）アカウントが盗まれました。

▶ **你们公司可以用软件聊天吗？**
Nǐmen gōngsī kěyǐ yòng ruǎnjiàn liáotiān ma?
会社でチャットできますか？

▶ **上班时禁止网上聊天。**
Shàngbān shí jìnzhǐ wǎngshàng liáotiān。
仕事中はチャットが禁止されています。

▶ **邮件乱码了，可否用其他邮箱重发一次？**
Yóujiàn luànmǎ le，kěfǒu yòng qítā yóuxiāng chóng fā yí cì?
メールが文字化けしていたので、ほかのメールアドレスで再送してもらえ
ますか？

▶ **这是我的邮箱地址。**
Zhè shì wǒ de yóuxiāng dìzhǐ。
これは私のメールアドレスです。

▶ **我是用手机发的，不知是否有乱码？**
Wǒ shì yòng shǒujī fā de，bùzhī shìfǒu yǒu luànmǎ?
スマートフォンで送信したので、文字化けしていませんか？

▶ **如有问题，请随时与我联系。**
Rú yǒu wèntí，qǐng suíshí yǔ wǒ liánxì。
何か問題があれば、いつでも私に連絡してください。

▶ **如果字体无法显示，请尝试下载相应的中文字体。**

Rúguǒ zìtǐ wúfǎ xiǎnshì, qǐng chángshì xiàzài xiāngyìng de Zhōngwén zìtǐ.

フォントが表示されない場合は、対応する中国語フォントをダウンロード
してみてください。

▶ **如果文档打不开，请尝试更新您的软件或系统。**

Rúguǒ wéndàng dǎbùkāi, qǐng chángshì gēngxīn nín de ruǎnjiàn huò
xìtǒng.

ファイルが開かない場合は、アプリか OS を更新してみていただけますか。

▶ **我新开了一个微信公众号，期待您的关注。**

Wǒ xīn kāi le yí ge wēi xìn gōngzhòng hào, qīdài nín de guānzhù.

WeChat の公式アカウントを始めました。フォローをお願いします。

▶ **我在微博上注册了一个帐号。**

Wǒ zài wēi bó shàng zhùcè le yí ge zhànghào.

ミニブログでアカウントを登録しました。

▶ **注册帐号时须登录一些基本信息。**

Zhùcè zhànghào shí xū dēnglù yìxiē jīběn xìnxī.

アカウント登録の際、いくつか基本情報を登録する必要があります。

▶ **请保管好您的帐号与密码。**

Qǐng bǎoguǎn hǎo nín de zhànghào yǔ mìmǎ.

ご自身のアカウントやパスワードをちゃんと保管してください。

▶ **该文件没有加密，点击即可阅读。**

Gāi wénjiàn méiyǒu jiāmì, diǎnjī jí kě yuèdú.

このファイルはパスワードをかけていないので、クリックすれば読めます。

携帯メール

 1— 寝坊して遅刻すると会社に連絡する

Subject: 〈电话〉

小张，不好意思，我今天肯定要迟到了，都怪闹钟没响。
要是杭州贸易公司的人来电话，就说我到公司后再给他回电。
拜托！

〈Diànhuà〉
Xiǎo Zhāng, bù hǎoyìsi, wǒ jīntiān kěndìng yào chídào le, dōu guài
nàozhōng méi xiǎng。
Yào shì Hángzhōu màoyì gōngsī de rén lái diànhuà, jiù shuō wǒ dào
gōngsī hòu zài gěi tā huídiàn。
Bàituō！

件名：電話
張さん、すみません。今日は確実に遅刻します。目覚ましが鳴らなかったん
です。
杭州商社の方から電話があったら、会社に着いた後、折り返し電話すると言っ
てください。
お願いします！

Subject: 〈Re: 电话〉

知道了。一定照办。别着急，路上小心！

〈Re:Diànhuà〉
Zhīdao le。Yídìng zhàobàn。Bié zháojí, lùshàng xiǎoxīn!

件名：Re: 電話
了解です。その通りにします。焦らないで、気を付けてください。

A ▶ 小刘早，你起床了吗?

Xiǎo Liú zǎo, nǐ qǐchuáng le ma?

刘さん、おはようございます。起きましたか？

B ▶ 早上好，我刚起来，最近总是睡不够！

Zǎoshàng hǎo, wǒ gāng qǐlái, zuìjìn zǒngshì shuì bú gòu!

おはようございます。起きたばかりです。最近はいつも寝不足気味です。

A ▶ 我昨天出差，半夜才回来。

Wǒ zuótiān chūchāi, bànyè cái huílai.

昨日は出張で、帰ってきたのは夜中です。

B ▶ 辛苦啦！

Xīnkǔ la!

お疲れさまです。

A ▶ 不好意思，我睡过头了，可能要迟到 30 分钟。

Bù hǎoyìsi, wǒ shuìguòtóu le, kěnéng yào chídào sānshí fēnzhōng.

すみません。寝坊しちゃった。たぶん 30 分遅刻します。

B ▶ 老板今天心情不太好，你尽量别迟到太久。

Lǎobǎn jīntiān xīnqíng bú tài hǎo, nǐ jǐnliàng bié chídào tài jiǔ.

今日社長は、ご機嫌ななめだからあんまり遅くならないでね。

A ▶ 路上堵车，还要 30 分钟才能到，真不好意思。

Lùshàng dǔchē, háiyào sānshí fēnzhōng cáinéng dào, zhēn bù hǎoyìsi.

渋滞であと 30 分かかりそうです。すみません。

B ▶ 大家都在等你，你尽快啊！

Dàjiā dōu zài děng nǐ, nǐ jǐnkuài ā!

みんな待っているので、できるかぎり早く来てくださいね。

Subject:〈价目表〉

张秘书：
我现在已到杭州，路上还算顺利。
不过，昨天我忘了把价目表拷到 U 盘里了。
拜托你今天把它发到我的邮箱。
谢谢！
王殷实

Zhāng mìshū：
Wǒ xiànzài yǐ dào Hángzhōu, lùshàng hái suàn shùnlì。
Búguò, zuótiān wǒ wàng le bǎ jiàmùbiǎo kǎo dào U pán lǐ le。
Bàituō nǐ jīntiān bǎ tā fā dào wǒ de yóuxiāng。
Xièxie！
Wáng Yīnshí

件名：価格表
張さん
なんとか杭州に無事到着しました。
昨日、価格表を USB にコピーするのを忘れてしまいました。
今日メールで送ってもらえませんか。よろしく。
王殷実

Subject:〈Re：价目表〉

王总：
路上辛苦了！一路平安就好！
我这就把价目表发给您，请您查收。
有需要还请您随时联系！
张萍

〈Re：Jiàmùbiǎo〉
Wáng zǒng:
Lùshàng xīnkǔ le! Yí lù píng ān jiù hǎo!
Wǒ zhè jiù bǎ jiàmùbiǎo fāgěi nín, qǐng nín cháshōu.
Yǒu xūyào hái qǐng nín suíshí liánxì!
Zhāng Píng

件名：Re: 価格表
王社長
お疲れ様です。無事にお着きになられたとのことよかったです。
価格表をメールでお送りいたします。ご確認ください。
何かございましたら、ご連絡のほどよろしくお願いいたします。
張萍

A ▶ **我已顺利到达苏州。**

Wǒ yǐ shùnlì dàodá Sūzhōu。
無事に蘇州に到着しました。

B ▶ **知道了。天气炎热，多保重！**

Zhīdào le。Tiānqì yánrè, duō bǎozhòng!
分かりました。暑いから気を付けてください。

A ▶ **飞机晚点了，预计 10 点降落。**

Fēijī wǎndiǎn le, yùjì shí diǎn jiàngluò。
飛行機が遅れました。10 時着陸の予定です。

B ▶ **知道了，一路小心。**

Zhīdao le, yílù xiǎoxīn。
分かりました。気を付けてね。

A ▶ **请帮我给酒店打个电话，让他们给我们留出两个房间。**

Qǐng bāng wǒ gěi jiǔdiàn dǎ ge diànhuà, ràng tāmen gěi wǒmen liú chū liǎng ge fángjiān。
ホテルに 2 つの部屋を確保しておくよう電話してもらえますか。

B ▶ **打过了，他们说没问题。**

Dǎ guò le, tāmen shuō méi wèntí。
電話ました。部屋を確保しました。

A ▶ **约好的时间已经过了 20 多分钟，还不见小王来，你有他的电话吗?**

Yuē hǎo de shíjiān yǐjīng guò le èrshí duō fēnzhōng, hái bú jiàn Xiǎo Wáng lái, nǐ yǒu tā de diànhuà ma?
約束の時間が 20 分も過ぎたのに、王さんがまだ来ません。彼の電話番号を知っていますか？

B ▶ **我让他跟你联系吧。**

Wǒ ràng tā gēn nǐ liánxì ba。
連絡するように伝えておきましょうか。

A ▶ 麻烦您把资料发给我吧。

Máfan nín bǎ zīliào fāgěi wǒ ba.

お手数ですが、資料を送ってください。

B ▶ 我开完会马上给您发过去，请稍等。

Wǒ kāi wán huì mǎshàng gěi nín fā guòqù, qǐng shāo děng.

会議が終わったらすぐ送りますので、少々お待ちください。

Subject:〈见面〉

王兴：
你好！
久未联系，最近还好吗？
我下个星期四到北京，星期天晚上回东京。
很想跟你见一面，但晚上都排满了，你白天有空吗？
李大勇

〈Jiànmiàn〉
Wáng Xīng :
Nǐ hǎo!
Jiǔ wèi liánxì, zuìjìn háihǎo ma?
Wǒ xià gè xīngqīsì dào Běijīng, xīngqītiān wǎnshang huí Dōngjīng。
Hěn xiǎng gēn nǐ jiàn yímiàn, dàn wǎnshang dōu pái mǎn le, nǐ báitiān yǒukòng ma?
Lǐ Dàyǒng

件名：会いましょう
王興：
こんにちは。
久しぶりです。お変わりないでしょうか？
来週木曜に北京に行き、土曜に東京に戻ります。
会いたいですね。夜は予定が埋まっていますが、昼間はどうですか？
李大勇

Subject: 〈Re: 见面〉

大勇：
听说你来北京，我真是太高兴了！
那我们星期六中午一起吃饭吧。
我有好多话想跟你聊！
王兴

〈 Re:Jiànmiàn〉
Dàyǒng :
Tīngshuō nǐ lái Běijīng, wǒ zhēnshì tài gāoxìng le!
Nà wǒmen xīngqīliù zhōngwǔ yìqǐ chīfàn ba.
Wǒ yǒu hǎoduō huà xiǎng gēn nǐ liáo!
Wáng Xīng

件名：Re: 会いましょう
大勇：
北京にいらっしゃるのですね。本当にうれしいです。
じゃあ、土曜日のお昼にご飯でもいかがですか。
たくさん話したいことがあるんです。
王興

A ▶ 明天我去北京出差，你有时间一起吃个饭吗？

Míngtiān wǒ qù Běijīng chūchāi, nǐ yǒu shíjiān yìqǐ chī ge fàn ma?
明日北京に出張に行きます。一緒に食事する時間はありますか？

B ▶ 我正好有空，我们在哪儿碰头？

Wǒ zhènghǎo yǒukòng, wǒmen zài nǎr pèngtóu?
ちょうど空いています。どこで会いましょうか？

A ▶ 多年未见，非常想念，你一切都好吗？

Duōnián wèi jiàn, fēicháng xiǎngniàn, nǐ yíqiè dōu hǎo ma?
ご無沙汰しております。お元気でしょうか？

B ▶ 接到来信，非常高兴，咱们找个时间见面聊吧！

Jiēdào láixìn, fēicháng gāoxìng, zánmen zhǎo ge shíjiān jiànmiàn liáo ba!
メールもらってうれしいです。会ってまた話しましょう。

A ▶ 下礼拜六，一起出去玩吧！

Xià lǐbàiliù, yìqǐ chūqù wán ba!
来週の土曜日に一緒に遊びに行きましょうか。

B ▶ 不好意思，周六我跟别人有约，咱们下次再约好吗？

Bù hǎo yìsi, zhōuliù wǒ gēn biéren yǒu yuē, zánmen xiàcì zài yuē hǎo ma?
すみません。先約があります。また今度でもいい？

A ▶ 那咱们在延安西路地铁站１号口见面吧！

Nà zánmen zài Yán'ān xī Lù dìtiězhàn yī hào kǒu jiànmiàn ba!
じゃあ、地下鉄の延安路駅の１番出口でね。

B ▶ 好的，不见不散。

Hǎode, bú jiàn bú sàn.
了解です。待っててね。

A ▶ 好久没见你更新状态了，最近可好？

Hǎojiǔ méi jiàn nǐ gēngxīn zhuàngtài le, zuìjìn kěhǎo?

ずっとツイートしていないようだけど、どうしたんですか？

B ▶ 工作太忙了，报告没写完，哪有时间发状态啊！

Gōngzuò tài máng le, bàogào méi xiě wán, nǎyǒu shíjiān fā zhuàngtài ā!

仕事が忙しすぎて。報告が書き終わっていないので、ツイートする暇なんてないよ。

A ▶ 张云建也在北京吧，把他也叫来好吗？

Zhāng Yúnjiàn yě zài Běijīng ba, Bǎ tā yě jiào lái hǎo ma?

張雲健さんも北京にいますよね。彼も呼んで来たらどう？

B ▶ 好啊，我跟他联系一下！

Hǎo ā Wǒ gēn tā liánxì yíxià!

いいね、彼と連絡を取ってみます。

A ▶ 我还不清楚什么时候能过去，下午再跟你联系好吗？不好意思。

Wǒ hái bù qīngchǔ shénme shíhou néng guòqù, xiàwǔ zài gēn nǐ liánxì hǎo ma? Bù hǎoyìsi.

いつ行けるかはまだ分かっていないんです。午後に連絡してもいいですか？ごめんなさい。

B ▶ 没事儿，你时间定下来后通知我吧！

Méi shìr, nǐ shíjiān dìng xiàlái hòu tōngzhī wǒ ba!

大丈夫だよ。時間が決まったら知らせてください。

A ▶ 我们在哪儿见面比较好？

Wǒmen zài nǎr jiànmiàn bǐjiào hǎo?

どこで待ち合わせるのがいいですか？

B ▶ 在建国门附近找个地方如何？

Zài Jiànguómén fùjìn zhǎo ge dìfang rúhé?

建国門近くでどこか探すのはどうですか？

Subject:〈生日派对〉

各位同学：
后天莉莉过生日，我们搞一个派对，庆祝一下吧！
都是老同学，有空的一定要来哦！
王博宇

〈Shēngrì pàiduì〉
Gèwèi tóngxué：
Hòutiān Lìlì guò shēngrì, wǒmen gǎo yí ge pàiduì, qìngzhù yíxià ba!
Dōu shì lǎo tóngxué, yǒukòng de yídìng yào lái é!
Wáng Bóyǔ

件名：誕生日のパーティー
同級生各位：
明後日はリリーの誕生日です。お祝いのパーティーがあります。
来るのは皆同級生だから、時間のある方は、ぜひ来てくださいね。
王博宇

Subject: ⟨Re: 生日派对⟩

王班长：
太好了。
难得的同学聚会兼生日派对，我一定参加!
刘萌

⟨ Re:Shēngrì pàiduì⟩
Wáng bānzhǎng :
Tài hǎo le。
Nánděi de tóngxué jùhuì jiān shēngrì pàiduì, wǒ yídìng cānjiā!
Liú Méng

件名 :Re: 誕生日のパーティー
王班長：
いいですね。せっかくの同窓会と誕生日パーティーですので、ぜひ参加します。
劉萌

A ▶ **今天我过生日。**
Jīntiān wǒ guò shēngrì。
今日は私の誕生日です。

B ▶ **是嘛！生日快乐！**
Shì ma!　Shēngrì kuàilè!
そうなんですね。お誕生日おめでとうございます。

祝你早日实现买房梦！
Zhù nǐ zǎorì shíxiàn mǎifáng mèng!
一日も早くマイホームを買う夢が叶いますように。

A ▶ **趁我过生日，我想叫留学时的同学一起聚聚，你过来吗？**
Chèn wǒ guò shēngrì, wǒ xiǎng jiào liúxué shí de tóngxué yìqǐ jù ju, nǐ guòlai ma?
私の誕生日に、留学したときの仲間が集まりますが、来ますか？

B ▶ **机会难得，当然要过来。**
Jīhuì nándé, dāngrán yào guòlái。
せっかくの機会なので、もちろん行きますよ。

A ▶ **咱们一起给小明准备个礼物吧！**
Zánmen yìqǐ gěi Xiǎo Míng zhǔnbèi ge lǐwù ba!
明ちゃんに何かプレゼントを用意した方がいいかな。

B ▶ **好，礼物你来选吧！钱算我一份！**
Hǎo, lǐwù nǐ lái xuǎn ba！Qián suàn wǒ yí fèn!
いいね！　プレゼントはお任せします。私も払いますよ。

A ▶ **照片传给你了！**
Zhàopiàn chuán gěi nǐ le!
写真を送ったよ。

B ▶ **看到了，你的摄影水平不赖啊！**
Kàndào le, nǐ de shèyǐng shuǐpíng búlài ā!
見ました。上手に撮りましたね。

A ▶ 开生日派对的餐厅定下来了吗?

Kāi shēngrì pàiduì de cāntīng dìng xiàlái le ma?

誕生日パーティーをするレストランはもう決まった?

B ▶ 我想了几个地方，还没最后定。

Wǒ xiǎng le jǐge dìfang, hái méi zuìhòu dìng.

何力所か考えているけど、まだ最後的には決めてないの。

A ▶ 这次生日派对，来了不少人啊。

Zhècì shēngrì pàiduì, lái le bùshǎo rén ā.

今回の誕生日パーティーに大勢来ましたね。

B ▶ 是啊，在北京工作的好像都来了吧。

Shì ā, zài Běijīng gōngzuò de hǎoxiàng dōu lái le ba.

そうだね。北京で働いている人は全員来たじゃないかな。

A ▶ 莉莉真是一点都没变，还是那么漂亮!

Lìlì zhēnshì yìdiǎn dōu méi biàn, háishì nàme piàoliang!

リリーはぜんぜん変わっていないね。相変わらずに美人だ。

B ▶ 你也是啊!

Nǐ yě shì a！

あなたも同じじゃない。

Subject:〈迟到〉

老刘：
路上堵得厉害，我 7 点前估计是赶不到了。
大家先喝起来吧，不用等我。
顺便替我向陈总道个歉。
韩进

〈 Chídào〉
Lǎo Liú:
Lùshàng dǔ de lìhai, wǒ qī diǎn qián gūjì shì gǎn búdào le.
Dàjiā xiān hē qǐlái ba, bú yòng děng wǒ.
Shùnbiàn tì wǒ xiàng Chénzǒng dào ge qiàn.
Hán Jìn

件名：遅刻
劉さん、
渋滞がすごくて、7 時前に着くのはおそらく無理です。
皆さんどうか先に始めてください。待たないでください。
陳社長に謝っておいてもらえますか。
韓進

Subject:〈Re: 迟到〉

老韩：
你还要多长时间?
老李也还没到，我们可以等到 7 点半。
再不来我们就不客气啦!
刘鹏

〈 Re: Chídào〉
Lǎo Háns:
Nǐ háiyāo duōcháng shíjiān?
Lǎo Lǐ yě hái méi dào, wǒmen kěyǐ děngdào qī diǎn bàn.
Zài bù lái wǒmen jiù bú kèqì la!
Liú Péng

件名：Re: 遅刻
韓さん、
後どのぐらいかかるの？
李さんもまだ来ていないので、7 時半まで待ちます。それでも来なかったら
始めますね。
劉鵬

A ▶ 5点才和客户谈完，公司里还有什么事吗？

Wǔ diǎn cái hé kèhù tán wán, gōngsī lǐ háiyǒu shénmeshì ma?

お客様との打ち合わせが5時までかかりました。会社の方で何かまだ用事はありますか？

B ▶ 没什么急事，你直接回家吧。

Méi shénme jíshì, nǐ zhíjiē huíjiā ba。

特にないです。直帰してもいいですよ。

A ▶ 这次酒会要不要请王总？

Zhècì jiǔhuì yào bú yào qǐng Wáng zǒng?

今度の飲み会に王社長を誘いますか？

B ▶ 不请不太好吧。

Bù qǐng bú tài hǎo ba。

呼ばないとまずいでしょう。

A ▶ 那家饭店口碑怎么样？

Nà jiā fàndiàn kǒubēi zěnmeyàng?

あのレストランの評判はどうですか？

B ▶ 貌似味道不错，价钱也实惠。

Màosì wèidào búcuò, jiàqián yě shíhuì。

味は良さそうですし、値段も手ごろです。

A ▶ 晚上我有应酬，不回家吃饭了。

Wǎnshang wǒ yǒu yìngchou, bù huíjiā chīfàn le。

夜、飲み会があるので、食事までには帰れません。

B ▶ 知道了，少喝点酒。

Zhīdao le, shǎo hē diǎn jiǔ。

分かりました。飲みすぎないように。

A ▶ 王总说今晚有个重要会议，不能来参加聚会了。

Wáng zǒng shuō jīnwǎn yǒu ge zhòngyào huìyì, bù néng lái cānjiā jùhuì le。

王社長は、今日は重要な会議があって、パーティーに参加できなくなったと言っています。

B ▶ 真遗憾，下次找机会吧。

Zhēn yíhàn, xiàcì zhǎo jīhuì ba。

本当に残念ですね。また次の機会によろしくお願いします。

A ▶ 你现在到哪了？ 就差你一个人了。

Nǐ xiànzài dào nǎ le? Jiù chà nǐ yí ge rén le。

今どこ？ あとはあなた一人だけだよ。

B ▶ 我马上就到！

Wǒ mǎshàng jiù dào!

もうすぐ着くから。

A ▶ 都这么晚了，还没喝完？

Dōu zhème wǎn le, hái méi hē wán?

こんな時間にまだ飲んでいるの？

B ▶ 喝得差不多了，马上就回家了。

Hē de chàbuduō le, mǎshàng jiù huíjiā le。

そろそろって感じかな、もうすぐ帰るよ。

チャット

A ▶ 今天天气真好！
Jīntiān tiānqì zhēn hǎo!
今日はいい天気ですね。

B ▶ 是啊，真想出去玩！
Shì ā, zhēn xiǎng chūqù wán!
そうですね。お出かけ日和ですね。

A ▶ 明天我们公司开始放假，一直放到下周三。
Míngtiān wǒmen gōngsī kāishǐ fàngjià, yìzhí fàngdào xiàzhōusān.
明日から会社が休みで、来週水曜まで休みだよ。

B ▶ 羡慕嫉妒恨！
Xiànmù jídù hèn!
うらやましいな。

A ▶ 谢谢你的礼物。
Xièxie nǐ de lǐwù.
プレゼントありがとうございます。

B ▶ 别客气，是我该谢谢你！
Bié kèqi, shì wǒ gāi xièxie nǐ!
そんな！　こちらこそ、ありがとうございます。

A ▶ 老张，你可不可以请王科长赶快给我个答复？
Lǎo Zhāng, nǐ kě bù kěyǐ qǐng Wáng kēzhǎng gǎnkuài gěi wǒ ge dáfù?
張さん、王課長から至急返事をもらいたいのですが。

B ▶ 那我去催他一下。
Nà wǒ qù cuī tā yíxià.
じゃあ、催促してみます。

A ▶ 你能不能帮我找一下他的电话？
Nǐ néng bù néng bāng wǒ zhǎo yíxià tā de diànhuà?
彼の電話番号を探してもらえますか？

B ▶ 好的，您稍等。
Hǎode, nín shāo děng.
いいよ、ちょっと待ってください。

A ▶ 我今天又要加班，不回家吃饭了。
Wǒ jīntiān yòu yào jiābān, bù huíjiā chīfàn le.
今日また残業です。食べて帰るよ。

B ▶ 好吧，别太累着了。
Hǎo ba, bié tài lèi zhao le.
分かりました。無理しないでね。

A ▶ 您发给我的资料好像是上个月的。
Nín fāgěi wǒ de zīliào hǎoxiàng shì shànggeyuè de.
送ってくれた資料が先月のもののようですが。

B ▶ 不好意思，是我发错了，我马上给您重发一份。
Bù hǎoyìsi, shì wǒ fā cuò le, wǒ mǎshàng gěi nín chóng fā yí fèn.
失礼しました。こちらが間違っておりました。すぐ再送いたします。

A ▶ 明天就要出差了，可是东西还没准备好。
Míngtiān jiùyào chūchāi le, kěshì dōngxi hái méi zhǔnbèi hǎo.
明日は出張なのに、準備がまだできてないんだ。

B ▶ 那你快收拾啊！
Nà nǐ kuài shōushi ā!
じゃあ、早く荷造りしなさいよ。

A ▶ 今天真是困死了，眼皮都快睁不开了。
Jīntiān zhēnshì kùn sǐ le, yǎnpí dōu kuài zhēng bùkāi le.
今日は眠くて死にそう。まぶたが今にも落ちそうだ。

B ▶ 那我们以后再聊吧。
Nà wǒmen yǐhòu zài liáo ba.
では、また今度話そう。

A ▶ 那我下线了。
Nà wǒ xiàxiàn le.
じゃあ、今日はこれで。

B ▶ 好，早点休息吧。
Hǎo, zǎodiǎn xiūxi ba.
早く休んでください。

SNS

 中国最大の SNS プラットフォーム QQ へのプロフィール登録例

●QQ : 111111111
●个人网站 : xxx @xxx.com
●头像 :

●所在地 : 日本　东京
●家乡 : 千叶
●签名 : 生活，简单就好！
●昵称 : 石头

●基本信息
性别 : ●男　◎女
生日 : 1990 年 11 月 29 日　▼
星座 : 射手座

●学校信息
大学 : 早稻田大学　▼
高中 : 麻布高中　▼
初中 :
小学 :

●工作信息
公司 : 索尼公司
职业 : 工程师

●个人信息
兴趣爱好 : 读书、跑步、听音乐
喜欢音乐 : 古典音乐、中国流行音乐
喜欢书籍 : 村上春树

●QQ　　　　　　　：111111111
●個人サイト　　　：xxx@xxx.com
●写真　　　　　　：

●所在地　　　　　：日本　東京
●出身地　　　　　：千葉
●アカウント名　　：生活は簡単なのがいい！
●ニックネーム　　：石ころ

●基本情報
　性別　　　　　　：●男　◎女
　生年月日　　　　：　1990 年 11 月 29 日　▼
　星座　　　　　　：射手座

●学校情報
　大学　　　　　　：　早稲田大学　▼
　高校　　　　　　：　麻布高中　▼
　中学校　　　　　：
　小学校　　　　　：

●仕事情報
　仕事先　　　　　：ソニー
　職業　　　　　　：エンジニア

●個人情報
　趣味・関心　　　：読書、ジョギング、音楽鑑賞
　好きな音楽　　　：クラシック、C ポップ
　好きな本　　　　：村上春樹

はがき

怡怡：

昨天逃离东京的喧闹，现在望着冲绳的大海。
什么都不用做，心情也会很放松。
信不信由你，反正我是信了。
这就是冲绳的魅力。

苗苗

Yíyi：
Zuótiān táolí Dōngjīng de xuānnào, xiànzài wàngzhe Chōngshéng de dàhǎi。
Shénme dōu búyòng zuò, xīnqíng yě huì hěn fàngsōng。
Xìnbuxìn yóunǐ, fǎnzhèng wǒ shì xìn le。
Zhè jiùshì Chōngshéng de mèilì。

Miáomiao

イイさん

昨日、東京の喧騒から逃げ出して、今は沖縄の海を眺めてま〜す。
別に何かしなくても、気持ちが落ち着きますよ。
信じられないかもしれませんが、私はそう思います。
沖縄って不思議だね。

ミャオミャオ

1 ▶ 给你寄去北海道的风光，希望能带给你一丝凉意。

Gěi nǐ jì qù Běihǎi Dào de fēngguāng, xīwàng néng dài gěi nǐ yìsī liángyì。

涼しさを添えて北海道の景色をお届けします。

2 ▶ 置身 "甲天下" 的桂林山水，才知道这里果然名不虚传。

Zhìshēn "jiǎtiānxià" de Guìlín shānshuǐ, cái zhīdao zhèli guǒrán míng bù xūchuán。

「天下一」の桂林山水に身を置き、その名に偽りなしと知る。

3 ▶ 黄金周的 7 天假期，我打算在内蒙古草原度过。

Huángjīnzhōu de qī tiān jiàqī, wǒ dǎsuàn zài Nèiměnggǔ cǎoyuán dùguò。

ゴールデンウィークの 7 日間は、内モンゴルの草原で過ごします。

4 ▶ 这三天，我会去岩手县欣赏枫叶，大饱眼福。

Zhè sān tiān, wǒhuì qù Yánshǒu Xiàn xīnshǎng fēngyè, dà bǎo yǎnfú。

この 3 日間岩手で紅葉をたっぷり楽しみます。

5 ▶ 山中晚风迎面吹来，一切烦恼抛诸脑后。

Shānzhōng wǎn fēng yíngmiàn chuī lái, yíqiè fánnǎo pāo zhū nǎo hòu。

山でたそがれ時の風に吹かれると、何もかも忘れられます。

6 ▶ 望着中尊寺的金色堂，我想起了马可波罗向往的 "黄金屋"。

Wàng zhe zhōng zūn sì de Jīnsètáng, wǒ xiǎngqǐ le Mǎkěbōluó xiàngwǎng de "Huángjīn wū"。

中尊寺の金色堂を眺めながら、黄金の家にあこがれていたマルコ・ポーロを思い出しました。

7 ▶ 今年暑假你打算在哪里度过？

Jīnnián shǔjià nǐ dǎsuàn zài nǎlǐ dùguò?

今年の夏休みはどこで過ごしますか？

8 ▶ 这张明信片寄到时，说不定你也登上了去往成都的旅途。

Zhè zhāng míngxìnpiàn jì dàoshí, shuōbúdìng nǐ yě dēngshàng le qù wǎng Chéngdū de lǚtú。

このはがきが届いたとき、あなたも成都への旅に出ていることでしょう。

カード

尊敬的陈思佳女士

　　本次"东京化妆品展览会"将于 2020 年 9 月 12 日（星期六）下午 2:00，于东京国际论坛举办开幕式，并将于下午 6:00 举行宴会。敬请光临！

主办单位：
展览时间：
展览地点：

　　　　　　　　　　　　会务组 刘毅

Zūnjìng de Chén Sījiā nǚshì

Běn cì "Dōngjīng huàzhuāngpǐn zhǎnlǎnhuì" jiāng yú èrlíngèrlíng nián jiǔ yuè shíèr rì (xīngqīliù) xiàwǔ liǎngdiǎn, yú Dōngjīng guójì lùntán jǔbàn kāimùshì , bìng jiāng yú xiàwǔ liù diǎn jǔxíng yànhuì.

Jìngqǐng guānglín!

Zhǔbàn dānwèi :
Zhǎnlǎn shíjiān :
Zhǎnlǎn dìdiǎn :

　　　　　　　　　　　　Huìwù zǔ Liú Yì

尊敬する陳思佳様

　　この度は、2020 年 9 月 12 日（土）午後 2:00 東京国際フォーラムにて「東京化粧品展示会」開幕式を行い、午後 6:00 にパーティーを行います。

　　どうかご出席くださいますようお願いいたします。

主催者：
展示期間：
展示場所：

　　　　　　　　　　　　事務スタッフ　劉毅

●開店イベントの招待状 ───────────

1 ▶ **我店定于 9 月 1 日正式开业，当天晚 19:00-21:00 举行开张庆典。敬请出席！**

Wǒ diàn dìngyú jiǔ yuè yī rì zhèngshì kāiyè, dàng tiān wǎn shíjiǔ diǎn - èrshíyī diǎn jǔxíng kāizhāng qìngdiǎn. Jìngqǐng chūxí!

9 月 1 日、正式開店いたします。当日 19 時から 21 時に披露パーティーを行います。ご出席のほどお願いいたします。

●会社の設立式の招待状 ───────────

2 ▶ **兹定于 4 月 10 日上午 10 时，在 A 公司 B 楼前广场举行公司剪彩仪式。诚邀您莅临！**

Zī dìngyú sì yuè shí rì shàngwǔ shí shí, zài A gōngsī B lóu qián guǎngchǎng jǔxíng gōngsī jiǎncǎi yíshì. Chéngyāo nín lìlín!

4 月 10 日午前 10 時、A 会社の B ビル前の広場でテープカットを行います。ご出席くださいますようお願いいたします。

●懇親会の招待状 ───────────

3 ▶ **跨行业茶话会定于 5 月 1 日下午 2 时在 C 公司 D 厅举行，敬请届时出席！**

Kuà hángyè cháhuàhuì dìngyú wǔ yuè yī rì xiàwǔ èr shí zài C gōngsī D tīng jǔxíng, jìngqǐng jièshí chūxí!

5 月 1 日午後 2 時に C 会社の D ホールで異業種交流会を行います。何とぞご出席くださいますようお願い申し上げます。

●結婚式の招待状 ───────────

4 ▶ **我们订于本月 28 日（星期六）晚 5 时在 E 饭店举行婚礼。盼望方平先生能光临会场，见证我们的幸福时刻！**

Wǒmen dìng yú běnyuè èrshíbā rì (xīngqīliù) wǎn wǔ shí zài E fàndiàn jǔxíng hūnlǐ. Pànwàng Fāng Píng xiānsheng néng guānglín huìchǎng, jiànzhèng wǒmen de xìngfú shíkè!

私たちは今月 28 日（土）午後 5 時に E ホテルで結婚式を挙げることになりました。方平様にご出席いただきますようにお願いいたします。

祝　圣诞快乐

愿　静谧的平安夜带给您祥和与欢乐！

Zhù Shèngdàn kuàilè
Yuàn jìngmì de Píng'ānyè dài gěi nín xiánghé yǔ huānlè!

メリークリスマス！
静かなイヴがあなたに平和と喜びをもたらしますように！

恭贺新禧　吉祥如意

爆竹声中 万象皆新
百尺竿头 更进一步

Gōnghè xīnxǐ　jíxiáng rúyì
Bàozhú shēngzhōng, wànxiàng jiēxīn。
Bǎichǐ gāntóu, gèngjìn yíbù。

謹賀新年　思い通りすべてうまくいきますように。
爆竹の音の中、あらゆるものが新しくなります。
優れている状態から、さらに一歩進めてください。

1 ▶ 快乐圣诞节，浪漫平安夜！

Kuàilè Shèngdànjié, làngmàn píng'ānyè!
楽しいクリスマス、ロマンチックなイヴをお過ごしください。

2 ▶ 在这美好的日子，呈上我深深的祝福！

Zài zhè měihǎo de rìzi, chéngshàng wǒ shēnshēnde zhùfú!
素敵な日に、心からの祝福を申し上げます。

3 ▶ 丝丝情谊化作一份礼物，祝您圣诞快乐，新年幸福！

Sīsī qíngyì huàzuò yí fèn lǐwù, zhù nín shèngdàn kuàilè, xīnnián xìngfú!
これは、ちょっとした友情の印です。メリークリスマス！　幸せな一年を
お迎えください。

4 ▶ 恭祝您新年新气象，事业蒸蒸日上！

Gōngzhù nín xīnnián xīn qìxiàng, shìyè zhēng zhēng rì shàng!
新しい一年は新しい展開が開け、仕事がすべて順調でありますように！

5 ▶ 祝您万事如意，心想事成！

Zhù nín wànshì rúyì, xīn xiǎng shì chéng!
すべて意のままに、願いが何でもかないますように！

6 ▶ 笑容常在，笑口常开，身体健康，万事如意！

Xiàoróng cháng zài, xiào kǒu cháng kāi, shēntǐ jiànkāng, wànshì rúyì!
いつも笑顔で、いつも楽しい話をし、身体は健康で、すべて思いのままに
なりますように。

恭贺 喜结良缘

祝　心心相印 百年好合！

Gōnghè xǐjié liángyuán
Zhù xīnxīn xiāngyìn bǎinián hǎohé!

ご結婚おめでとうございます。
心を一つに、末永く仲むつまじく。

恭喜 宝宝出生

祝　小天使健康成长！

Gōngxǐ bǎobao chūshēng
Zhù xiǎotiānshǐ jiànkāng chéngzhǎng!

ご出産おめでとうございます。
天使がすくすく育ちますように！

生日快乐

愿　称心如意！天天都有好心情！

Shēngrì kuàilè
Yuàn chènxīn rúyì! tiāntiān dōu yǒu hǎo xīnqíng!

お誕生日おめでとうございます。
すべて思い通りになり、毎日気持ちよく過ごせますように！

●結婚祝い

1 ▶ 新婚快乐！ 祝你们甜甜蜜蜜到永远！

Xīnhūn kuàilè! Zhù nǐmen tiántiánmìmì dào yǒngyuǎn!
ご結婚おめでとうございます。末永く幸せでありますように。

2 ▶ 祝 相知相爱，琴瑟和谐！

Zhù xiāngzhī xiāng ài, qínsè héxié!
相思相愛、仲むつまじくありますように。

●出産祝い

3 ▶ 祝小宝贝茁壮成长，祝新妈妈健康快乐！

Zhù xiǎobǎobèi zhuózhuàng chéngzhǎng, zhù xīn māma jiànkāng kuàilè!
お子さんがすくすく育ちますように、新しいママが健康で幸せでありますように。

●誕生日の祝い

4 ▶ 祝您福如东海，寿比南山！

Zhù nín fú rú dōnghǎi, shòu bǐ nánshān!
（年配の方の誕生日に）福は東の海へ注ぐ水のように止まることなく流れ、南山の松よりも長生きしてください。

5 ▶ 祝您青春常驻，笑口常开！

Zhù nín qīngchūn chángzhù, xiào kǒu cháng kāi!
いつまでも青春のまま、笑いが絶えませんように。

6 ▶ 祝您越活越年轻，天天都开心！

Zhù nín yuè huó yuè niánqīng, tiāntiān dōu kāixīn!
（年配で親しい方に）ますます若く、毎日楽しくお過ごしになられますように。

一言コメント

　"祝"と、お祈りしたい内容との間は、スペースを空けても空けなくてもよいのですが、空けて書くのは、大きい字で書き、"您"などを省略したいときです。

1章

2章

3章

その他

封筒

　封筒の表書きは、次のように書きます。差出人の住所は、裏ではなく表に書きましょう。

受取人の郵便番号

| 2 | 0 | 0 | 0 | 2 | 0 |

貼　郵
票　処

中国 上海市 南昌路 47 号
上海市科学技术协会　办公室

施 文东　先生 收

〒 164-0003　日本国東京都中野区東中野 1-56-8-602　　林松濤

差出人の郵便番号　　差出人の住所　　　　　　差出人の名前

受取人氏名
　敬称："先生""女士""小姐"もしくは"总经理""老师"など肩書を付けます。この敬称は、郵便配達員が、受取人を呼ぶための呼び名です。よって、"爸爸（父親）"、"伯伯（叔父）"とは書きません。
　「～宛」：必ず"收（収める、受け取る）"を付けてください。

受取人の会社・団体名

受取人の住所

文例一覧

1章　気持ちの文例

● 気遣い

1—好久没联系　好久没有联系您了。　ご無沙汰してしまいました。
　　　　　　　时间过得真快，半年多没跟您联络了。
　　　　　　　　　時のたつのは早いもので、半年以上連絡を取っていませんね。
　　　　　　　因为工作太忙，一直没有联系你，非常不好意思。
　　　　　　　　　バタバタしており、すっかりご無沙汰してしまいました。申し訳ございません。

2—冒昧　　　请原谅我的冒昧来信。　突然のメールを失礼いたします。
　　　　　　　能冒昧地问一下薪资情况吗？　失礼ながら給与状況についてお聞きしてもよろしいでしょうか？

3—好吗？　　最近一切都好吗？　いかがお過ごしですか？
　　　　　　　好久没联系了，大家都还好吗？　ご無沙汰しております。皆さんお元気ですか？

4—怎么样　　好久没有你的消息了，最近怎么样了？　しばらく音沙汰もなかったけど、最近はどう？
　　　　　　　听说今年夏季北京异常炎热，您那里怎么样？
　　　　　　　　　今年の夏、北京は格段に暑そうですが、お元気でいらっしゃいますか？

5—如何　　　最近化妆品市场竞争激烈，不知贵公司近况如何？
　　　　　　　　　最近、化粧品市場は競争が激しいようですが、貴社におかれましてはいかがでしょうか？

6—一定〜（吧）你近来一定很顺利吧！　ご活躍のことと存じます。
　　　　　　　你女儿一定更加活泼可爱了吧！　お嬢さまは、ますます健やかで可愛くなられたことでしょう。

7—想必　　　中国经济发展迅速，想必贵公司的生意也会越来越兴隆！
　　　　　　　　　中国経済の発展が速く、貴社もますますご繁栄のことと存じます。

8—听说　　　听说您住院了，一定是您操劳过度了！
　　　　　　　入院されたそうですが、きっと無理が過ぎたのではないでしょうか。
　　　　　　　听说您的手术很顺利，我也松了一口气。　手術が順調だったそうですね。ほっとしました。
　　　　　　　听说您考上了会计师，我也为您感到高兴！
　　　　　　　　　公認会計士に合格したと伺い、とてもうれしく思います。

9—得知　　　得知您一切都好，我便放心了。
　　　　　　　　　ご無事だと伺い、安心しました。
　　　　　　　从王先生处得知您下周三来东京，很期待与您见面。
　　　　　　　　　来週の水曜日に東京にいらっしゃると王さんから伺いました。お会いするのを楽しみにしております。

10—知悉　　　这件事的详情，我已知悉。　この件について詳しいことを、すでに存じております。

11—听到·接到　听到李先生与世长辞的消息，我心情非常沉重。
　　　　　　　　　李さんのご逝去の知らせを受け取り、呆然としています。
　　　　　　　接到陈总逝世的噩耗，我感到很震惊和惋惜。
　　　　　　　　　陳社長ご逝去の訃報に接し、驚きとともに無念で仕方ありません。

12—今后·以后　今后还请您多指教！　今後はご教示のほどお願いいたします。
　　　　　　　今后也请多多关照！　今後ともどうぞよろしくお願いいたします。

以后少不了要麻烦您！　　今後もいろいろとご迷惑をお掛けします。

以后我们常联系！　　これからも連絡をよく取り合いましょう。

希望我们今后进一步深化沟通，共同发展。

　　今後、コミュニケーションを深め、お互いに発展することを祈念いたします。

希望我们今后也能有机会多交流。　　今後も情報交換のチャンスがあればと思っております。

13—请　您在东京还希望了解什么，请随时告知。

　　ほかにも東京で何か調べたいことがございましたら、いつでもおっしゃってください。

请您安心养病，早日恢复健康。　　安心して静養し、一日も早く健康を回復されますように。

14—不必　需要什么尽管说，不必客气。　　何か必要なことがございましたら遠慮なくおっしゃってください。

这次会议的参加者都是熟人，你不必紧张。

　　今回の会議の参加者は知り合いばかりなので、緊張しなくてもいいですよ。

15—我会　我会安排好的，您不必担心。　　私がちゃんと手配しますので、安心してください。

我会尽力做好准备的，敬请放心。　　一生懸命準備しておきますので、どうぞご安心ください。

届时我会陪同您前往。　　その節にはご同行させていただきます。

16—谢谢·感谢　那就请你明天来一下，谢谢！　　それでは、明日来ていただきます。よろしくお願いします。

本次调查将占用您的宝贵时间，非常感谢您的大力支持！

　　本アンケートに貴重なお時間をいただき、ご協力に心から感謝いたします。

这次上海出差会给您添不少麻烦，提前向您表示感谢！

　　今回の上海出張では大変お手数をお掛けいたします。あらかじめ感謝申し上げます。

17—向～问好　请代我向王总经理问好！　　私の代わりに王社長によろしくお伝えください。

伊藤总经理向您问好！　　伊藤社長が「よろしくお伝えください」と申しております。

18—问候　经理问候大家，祝大家节日快乐。

　　マネージャーから皆さまへお祝いの言葉を預かって参りました。皆さまの祝日が素晴らしい日となりますようにと。

给您送上我的节日问候，祝您新年快乐！

　　新年のごあいさつを申し上げます。貴殿におかれましては幸多き年となりますよう願っております。

请代我向贵部门的各位表示问候！　　私の代わりに貴部署の皆さまによろしくお伝えください。

●依頼

1—请　来东京时，请把那份文件带来。　　東京にいらっしゃるとき、その書類を持ってきてください。

请提供贵公司最新的商品目录、规格书和价格表。

　　貴社の一番新しいカタログ、仕様書、価格表をいただけないでしょうか。

请尽快将报价单寄给我们。　　見積書を至急送付願います。

请转告他，我将于 4 月 5 日离京。

　　私は 4 月 5 日に北京を離れると彼にお伝えください。

2—想请　想请您帮我们安排一下。　　手配をお願いできないでしょうか。

想请贵公司协助我们了解一下手机市场的情况。

　　貴社に携帯市場調査の協力をお願いしたいと考えております。

3—还请　我们无法马上答复，还请您稍等一下。　　すぐにお返事できませんので、もう少しお待ちください。

还请您在百忙之中过目。　　大変お忙しいところ恐縮ですが、お目通しいただけますでしょうか。

4—敬请　敬请您出席周六的派对。　　土曜日のパーティーにご出席くださいますよう、お願いいたします。

敬请莅临本次会议。

　　今回の会議にご出席くださいますよう、お願いいたします。

敬请期待。　　どうぞご期待ください。

5—恳请　我刚接手这项工作，恳请各位指教。

　　なにぶん初めての仕事ですので、ご指導のほどよろしくお願い申し上げます。

6—麻烦　麻烦你把这份文件复印十份。　お手数ですが、この資料を 10 部コピーしてください。

見到李先生，麻烦您向他打听一下价格。

　お手数をお掛けしますが、李さんに会えたら、価格を聞いていただけますか。

可否麻烦您通知李先生一下。　お手数ですが、李さんにお知らせいただけないでしょうか。

7—烦请　烦请回复，谢谢！　お手数ですが、お返事お願いいたします。よろしくお願いします。

烦请您转告王总，多谢！　お手数ですが、王社長にお伝えください。ありがとうございます。

8—帮我・为我　请帮我查一下好吗？　ちょっと調べてもらえますか？

请为我们安排一辆小巴。　小型バスを手配していただけますか。

9—替我・代我　请替我问一下陈经理什么时候有空。　陳マネージャーにいつ時間があるか聞いてもらえますか。

请代我问候王总经理。　王社長によろしくお伝えいただけますか。

10—好吗？　你帮我去取一下好吗？　取りに行っていただけますか？

11—能不能　时间很紧，能不能在 4 号以前给我答复？

　　時間が迫っておりますので、4 日までにお返事をいただけますか？

您这周能不能抽出一点时间，做一个员工培训讲座？

　　今週少しお時間をいただけませんか？　社員向けの研修講座をお願いしたいのですが。

能不能请您为我写一份推荐信？　推薦書を書いていただけますでしょうか？

12—能否　能否将商品目录寄到日本？　カタログを日本に送っていただけますか？

不知您能否安排出一点时间与我们见面？

　　お目に掛かる時間を少し頂戴できますか？

不知能否在情人节之前交货？

　　バレンタイン前に納品いただけるとありがたいのですが、いかがでしょうか？

13—方便　您方便的时候，请给我打个电话。　お時間があるときに、電話をいただけますか。

方便的话，请直接来酒店。　よろしければ、直接ホテルに来てください。

14—最好　你最好先打个电话过来。　先に電話してもらえると助かります。

见面时，最好能够详细探讨一下定价问题。

　　打ち合わせのとき、価格について詳しくご相談できれば助かります。

15—一定　明天你一定要来！　明日、ぜひ来てください。

16—务必　如有不妥之处,请务必告知！　もし適切でないところがあれば、ぜひ教えていただけないでしょうか。

●提案

1—推荐　如果您想了解日本的流行文化，我推荐您去竹下通。

　　日本の流行を知りたいなら、竹下通りをお勧めします。

2—建议　建议贵公司采用我们开发的这款软件。

　　私たちが開発したソフトを、貴社でご採用いただけないかと思っております。

鉴于目前情况，我公司建议从明年起使用新的合同。

　　現在の状況を鑑みて、弊社は来年から新たに契約を結ぶことを提案いたします。

建议您去展厅参观一下。　ショールームを見学した方がいいと思います。

3—可以　如果您觉得有不清楚的地方，我们可以见面再商量。

　　ご不明な点ございましたら、お会いしてご説明いたしましょうか。

我觉得可以包装得简单一些，不知您的看法如何。

　　包装は少し簡易にしても構わないと考えておりますが、いかがでしょうか。

如果您觉得难以接受，我们可以这样，……。

　　もし受け入れづらいようでしたら、こうしてはいかがでしょうか……。

4—不妨　您不妨先试用一段时间。　しばらく試用してみてはいかがでしょうか。

新宿很适合购物，您不妨去那里逛逛。

　　新宿はショッピングにいいですよ。見に行かれてはいかがでしょうか。

5—希望・望　希望贵公司能同意我们的方案。　　貴社が私どもの案にご賛同いただけるよう、期待しております。

希望贵公司能够在价格方面做出一点让步。　　価格について、少しご検討いただけないでしょうか。

关于上述提议，希望贵公司予以商讨。

　　前述した提案に対して、ご検討いただければ幸いです。

●誘い

1—怎么样　今晚我们一起去吃饭怎么样？　　今晚、ご一緒にお食事でもいかがでしょうか？

2—如何　九点开始如何？　　九時からどう？

3—有兴趣・有时间　下周五有个聚会，有兴趣参加吗？　　来週金曜日に飲み会があるのですが、ご興味はございますか？

我想陪中国客人去镰仓，有时间一起去吗？

　　中国人のお客さんを鎌倉へ案内しますが、一緒に行く時間はありますか？

4—吧　我有两张展览会的票，我们一起去吧。

　　展示会のチケットを2枚持っているので、一緒に行きませんか。

这件事还是面谈为好，我们见个面吧。

　　この件は直接相談した方がいいと思います。打ち合わせをしましょう。

5—邀(请)・诚邀　特邀请三位领导来日本考察。　　3名の役員の方を日本視察にお招きいたします。

如果您有时间，诚邀您出席今日的宴会。

　　お時間がございましたら、今度のパーティーにご出席いただければと思います。

6—请　可否请您在会上致辞？　　会議であいさつの言葉を頂戴できないでしょうか？

想请您来我们公司洽谈一下。

　　弊社に足をお運びいただき、相談させていただけないかと思っております。

如有机会，请一定来日本了解一下市场情况。

　　機会があれば、ぜひ日本にいらして市場状況をお調べください。

研讨会将于12月1日至12月3日召开，敬请莅临。

　　シンポジウムは12月1日から12月3日まで開催されますが、会議へのご出席、よろしくお願い申し上げます。

公司决定于7月4日至8日期间举办学习班，请相关人员报名参加。

　　7月4日から8日まで研修セミナーを行うことが決定されました。関係者の申し込みとご参加を
お願い申し上げます。

7—希望　这是一个非常有前途的项目，希望得到贵公司的支持。

　　とても将来性のある企画と信じております。お力添えいただければ幸いです。

希望能与王总经理本人见面，进一步商讨今后的合作计划。

　　王社長に直接お目に掛かり、今後の協力関係について、さらに検討できれば幸いです。

8—欢迎　我们对您的提议很有兴趣，欢迎您来公司做一下说明。

　　ご提案に興味があります。弊社まで説明に来ていただけませんか。

热烈欢迎您参加我们下次的酒会。　　ぜひ次回の飲み会へのご参加を心よりお待ちしております。

欢迎您来大阪考察，不知什么时候方便？

　　ぜひ大阪に視察にいらしてください。いつ頃ならご都合がよろしいでしょうか？

欢迎您陪贸易公司的客人一起来日本。　　商社の方と一緒に、ぜひ日本にいらしてください。

下述时间，公司将邀请研修生举办联欢会。欢迎大家踊跃参加。

　　下記日程にて研修生との親睦会が開かれます。皆さん、ふるってご参加ください。

9—为盼　本次答谢宴特邀请王科长参加，望出席为盼！

　　このたびは返礼の宴への王課長のご参加をお願い申し上げます。ご出席いただければ幸いです。

10—**很遗憾** 真不巧，那天我跟朋友有约在先，很遗憾不能参加。
　　　　　あいにくその日は友人との先約がありますので、残念ながら参加できません。
　　　　　很遗憾，周一我们安排不出时间与您见面，十分抱歉！
　　　　　月曜にお目に掛かる時間が作ることができなく、大変申し訳ありません。

11—**不必** 我公司不需要这类商品，不必浪费您的时间了。谢谢！
　　　　　弊社はこれらの商品を必要としておりません。お時間を無駄にさせたくありませんので。よろしくお願いします。

●**感谢**

1—**谢谢** 谢谢王总！　王社长，ありがとうございます。
　　　　　我想送一点小礼物谢谢他。　彼に少しお礼がしたいのですが。

2—**感谢** 您安排得如此周到，真是太感谢了！
　　　　　行き届いた手配、どうもありがとうございます。
　　　　　非常感谢您的盛情款待。　温かいおもてなしをありがとうございます。
　　　　　非常感谢您对本公司的打印机产品感兴趣。
　　　　　弊社のプリンター製品に関心をお寄せいただき、誠にありがとうございます。
　　　　　衷心感谢您的支持和关照。　大変お世話になりました。心から感謝いたします。

3—**向~表示~感谢** 再次向您表示感谢！　改めて感謝の意を表します。
　　　　　借此机会，我想向所有设计人员表示诚挚的感谢！
　　　　　この機会に、設計部門の全員にお礼を申し上げます。

4—**向~致谢・致谢意・致歉意** 在此向您致以衷心的谢意！　ここで心から感謝を申し上げます。
　　　　　请替我向陈总经理致谢。　陳社长に感謝の意をお伝えください。
　　　　　言语已不足以表达我对您的谢意。　感謝してもしきれません。

5—**帮了~忙** 这次您迅速地完成了设计工作，真是帮了我的大忙。
　　　　　早々にデザインしていただき、大変助かりました。

6—**帮助** 在工作上您给了我很大的帮助，我由衷地感谢您！
　　　　　在職中は、大変お世話になりました。心から感謝いたします。
　　　　　在您的帮助下，我们顺利地完成了任务。　おかげさまで、任務を順調に果たせました。

7—**靠** 这件事，就靠你了！　この件は、お願いするよ！

8—**功劳** 这项计划得以成功，都是小王的功劳！　今回のプロジェクトの成功は、すべて王さんのおかげです。

9—**多亏** 多亏有您的帮助，我们才能按时交货，我在此深表感谢。
　　　　　おかげさまで、時間通りに納品できました。ここで深く感謝いたします。
　　　　　多亏您帮忙订票，我们的这次旅行才能这么顺利。
　　　　　チケットを手配してくださったおかげで、今度の旅行はとても順調でした。

10—**让您破费了** 非常感谢您的精美礼物，太让您破费了！
　　　　　素敵なプレゼントをご用意くださり、ありがとうございます。

11—**过意不去** 这么贵重的礼物，实在太让您破费了，我真过意不去！
　　　　　高価な品を頂戴しました。散財させてしまい、大変申し訳ありません。
　　　　　您寄来这么贵重的礼物，让我很过意不去。　高価な品物をいただき、恐れ入ります。

●**谢罪**

1—**不好意思** 不好意思，我明天没有时间。　すみません。明日、時間はありません。
　　　　　实在不好意思，本该昨天通知您的，但被我忘了。真对不起！
　　　　　昨日お知らせすべきでしたが、失念し、失礼いたしました。

2—**对不起** 我误解了您的意思，结果寄上的资料不是您需要的，真对不起。
　　　　　私の思い違いのため、お送りした資料がご希望の物と違っております。本当に申し訳ございません。

3—**抱歉** 通知晚了，十分抱歉！　お知らせするのが遅くなり、申し訳ありません。

很抱歉，我明天去不了了。　すみません。明日は行けなくなりました。

对不起，我搞错了时间，让您久等了，耽误了您宝贵时间，十分抱歉！

　時間を間違え、お待たせしてしまいました。貴重な時間を無駄にさせてしまい、申し訳ございません。

这次突然取消订货，给贵公司造成了巨大的损失，我们深感抱歉。

　今回の注文の取り消しが、貴社に甚大なる損失を与えたことを深くお詫び申し上げます。

4—向～道歉　就此次退货问题，我们郑重地向您道歉！　今回の返品について、深くお詫び申し上げます。

　　　　　真不知该怎么道歉才好。　お詫びの言葉もございません。

5—表示·表达～歉意　希望借此机会，向您表达我的歉意。　この機会に心からのお詫びを申し上げます。

　　　　　请允许我向您表示我最真诚的歉意。　心よりお詫びを申し上げます。

6—原谅·谅解　我方这次的疏忽给贵方造成了巨大的损失，我承诺赔偿，恳请贵方原谅。

　　　　　今回、当方の不手際で、貴殿に甚大なる損失を与えてしまいました。賠償させていただきます。

　　　　　何とぞお許しいただきたくお願い申し上げます。

　　　　　给各位带来了诸多不便，十分抱歉，但希望能得到大家的谅解。

　　　　　大変ご不便をお掛けして申し訳ございません。何とぞお許しいただきたくお願い申し上げます。

　　　　　如果有什么做得不对的，还请您多包涵！

　　　　　もし何か悪いところがあれば、どうかお許しください。

　　　　　准备不周之处，望您海涵！

　　　　　準備が足りないところがあれば、どうかお許しいただければと存じます。

●褒める・アピール

1—真（是）　王科长说话真风趣，真善于活跃气氛！　王課長は話が面白く、場を盛り上げるのが上手ですね。

　　　　　从照片上看，这两个人真是郎才女貌，非常般配！

　　　　　写真を見て、この二人は本当にお似合いのカップルだと思いました。

　　　　　听说你们相恋八年终于结婚，真是"有情人终成眷属"啊！

　　　　　付き合って8年と伺いました。「愛し合っている人は最後に結ばれる」とはよく言ったものですね。

2—佩服　你一天就把它翻译出来了，太佩服了！　一日で翻訳できたなんて、素晴らしいですね。

　　　　　真佩服你的日文水平，简直看不出是外国人写的。

　　　　　上手な日本語に感心いたしました。外国人が書いたものとは思えません。

3—羡慕　看到您宽敞的办公室，我好羡慕啊！　広いオフィスがうらやましいです。

　　　　　新郎英俊潇洒，又事业有成，真令人羡慕！　新郎が格好よく、仕事も順調でうらやましいです。

4—说明　这项工作完成得真快，这说明你在这方面很有潜力。

　　　　　素早く仕事を完成させた点、この分野での将来性を感じました。

5—一定　你的交涉能力非常强，将来一定有机会大显身手。

　　　　　素晴らしい交渉能力の持ち主ですね。将来、大いに才能を発揮することでしょう。

6—学到　与您畅谈，我学到了好多新鲜知识。　心おきなくお話しでき、大変勉強になりました。

7—その他の褒め言葉　虽然我和您是初次见面，但感觉您就像我的老朋友一样。

　　　　　初対面でしたのに、昔からの友人のように思えました。

　　　　　贵公司的写字楼相当气派，工作环境极佳。

　　　　　貴社の新しいオフィスビルはモダンで、仕事環境も快適ですね。

　　　　　上海街头到处是国际著名品牌的专卖店，女孩子个个都打扮得好时尚啊！

　　　　　上海の町には世界ブランドのセレクトショップがあふれ、女の子たちは皆おしゃれですね。

8—毕业于　我毕业于青山大学。我的母校在商学方面比较有名。

　　　　　私は青山大学を卒業しました。母校はビジネス面で有名な大学です。

9—曾（经）　我曾在日本最大的电气公司从事营销工作。

　　　　　私は日本最大の電気会社で営業の仕事に従事したことがあります。

我的作品曾"获优良设计奖"。　　私の作品はグッドデザイン賞を受賞したことがあります。

10—辅・辅・辅 我持有翻译导游资格。这是日本在外语领域唯一的一个国家职业资格证书。

私は通訳ガイドの資格を持っています。これは日本で外国語の分野における唯一の国家資格です。

我拥有日本政府认可的劳务士资格。　　私は労務士の国家資格を持っています。

我具有良好的英语口语能力，能够胜任海外部的工作。

私は英会話に優れておりますので、国際部の業務に適任です。

11—希望 希望能以我在日本公司积累的经验为贵公司开拓日本市场做出贡献。

日本の企業で身に付けたノウハウで貴社の日本市場開拓に貢献したいと思います。

希望我把日本式的服务精髓运用到贵公司的工作中。

日本式接客のノウハウを貴社で生かしたいと考えております。

希望我能成为贵公司与日本顾客之间沟通的桥梁。

貴社と日本人顧客の架け橋になりたいと思います。

12—尽全力 我一定竭尽全力，做好这份工作。　　全力投球で仕事に精進します。

13—属于 这在日本也属于最新、最流行的手机款式。

この携帯電話は、日本でも最も新しく、一番流行しているタイプです。

14—受～欢迎 该品牌在日本深受年轻人欢迎，在中国也一定能引领时尚。

このブランドは日本の若い人に好まれています。中国でも流行をリードできるでしょう。

15—而 一般企业仅出售商品，而我公司非常注重售后服务。

普通の企業は商品を販売するだけですが、弊社はアフターサービスに力を入れています。

16- 比起 比起其他产品，该产品在性价比方面更具优势。

ほかの製品と比べると、その製品はコストパフォーマンスの面でより優れております。

17—居领先地位 本公司的技术水平远高于同行，在业界居于领先地位。

弊社の技術はほかの企業より優れ、業界をリードする立場にいます。

18- 定会 这一崭新的经营理念，定会帮助贵公司一跃成为该领域的先进企业。

この斬新な経営理念は、貴社の世界的先進企業への仲間入りの助けになることでしょう。

●祝福

1—祝 祝您早日恢复健康。　　1日も早い健康回復をお祈りしております。

祝您顺利考取律师资格！　　弁護士試験に合格しますように。

祝贵公司的事业蒸蒸日上。　　貴社のますますのご発展をお祈りしております。

祝你们白头偕老，一生幸福！

共に白髪になるまで添い遂げ、一生幸せでありますよう、お祈り申し上げます。

祝你们相亲相爱，比翼双飞！　　互いに愛し合い、共に歩んでいけますように。

2—预祝 预祝成功！　　成功祈願！

预祝您在新的一年里取得优异的成绩！

新しい一年に素晴らしい業績を上げますようにお祈りします。

3—遥祝 遥祝一帆风顺！　　順調でありますように、遠くからお祈りしております。

4—祝福 谨以这份来自日本的礼物表达我衷心的祝福。

この日本からお送りするお祝い品に、心からの祝福を込めて。

听说上周日是你的生日，请接受我迟到的祝福。

先週日曜は誕生日でしたね。遅ればせながら、おめでとうございます。

祝福你在新的一年里一切顺利！　　新しい一年がすべて順調でありますように。

5—希望 希望您能找到理想的工作。　　理想的な仕事が見つかりますように。

希望您能在更合适的岗位上发挥才华。　　もっと合った仕事で才能を発揮できますように。

6—愿　愿我们的友谊地久天长。　友情が永遠に変わりませんように。

愿你们今后的生活甜蜜幸福！　今後の幸せをお祈り申し上げます。

7—一定会　该商品将来一定会非常畅销。　この商品は将来どんどん売れることでしょう。

不要泄气，日子一定会好起来的。　気を落とさないでください。きっとよくなりますよ。

8—恭喜　恭喜您获得了大奖！　大賞受賞、おめでとうございます。

恭喜您荣升企划部经理！　企画部マネージャーに就任されるとのこと、おめでとうございます。

恭喜您被评为优秀员工！　優秀社員に選ばれたとのこと、おめでとうございます。

恭喜您与汪小姐喜结良缘！　汪さんとのご結婚、おめでとうございます。

9—祝贺　衷心祝贺您就任总经理！　総経理（社長）のご就任を心からお祝い申し上げます。

喜闻王强先生荣升总经理，我们衷心表示祝贺。

王強様の総経理（社長）へのご昇進を伺いました。私ども一同、心よりお祝い申し上げます。

这是我的一点心意，还请您收下，我想以此向您表示祝贺。

ほんの気持ちですが、受け取っていただけますか。これをもってお祝いの言葉に代えさせていただきます。

●四季折々のあいさつ

1—季節のあいさつ　东京的樱花已经盛开，非常美，真希望您也能看到。

東京は桜が満開になりました。その美しさをあなたにもお見せしたいです。

听说今年夏天上海非常炎热，您那里一切都好吗？

今年の夏、上海はとても暑いそうですね。お元気でしょうか。

北京现在一定很凉爽吧！　北京は、今ごろすがすがしい陽気でしょう。

天气渐渐冷下来了，请您多保重身体。　寒くなってきましたが、ご自愛ください。

2—元旦のあいさつ　新年快乐！祝您新的一年，事业蒸蒸日上！

新年おめでとうございます！すばらしい一年を迎えられますように！

3—春節のあいさつ　春节将至，给您拜个早年，祝您新春快乐！　もうすぐ旧正月です。良いお年をお迎えください。

新年好！祝您在新的一年里万事如意！

新年おめでとうございます。新しい一年は、願いがすべてかないますように！

4—元宵節のあいさつ　祝您元宵节快乐！　楽しい元宵節でありますように！

5—バレンタインのあいさつ　情人节快乐！　ハッピーバレンタイン！

6—国際婦人デーのあいさつ　三八妇女节你们公司放假吗？　婦人デーに会社はお休みですか？

7—清明節のあいさつ　听说中国清明节时，很多人都会去郊外扫墓，您也去了吗？

中国は清明節に郊外へ墓参りに行く人が多いそうですね。行かれましたか？

8—メーデーのあいさつ　五一前后你们公司放了几天假？　メーデーの前後に休みは何日ありましたか？

9—児童節のあいさつ　快到六一儿童节了，祝您的孩子节日快乐，健康成长！

もうすぐこどもの日です。お子さんが楽しく祝日を過ごし、すくすく成長されますように！

10—端午の節のあいさつ　端午节您吃粽子了吗？　端午の節句に、ちまきを食べましたか？

11—七夕のあいさつ　七夕将至，祝您“中国情人节”快乐！　もうすぐ七夕ですね。ハッピー中華バレンタイデー！

12—中秋節のあいさつ　祝您中秋快乐，阖家团圆！　中秋おめでとうございます。家族円満でありますように！

13—国慶節のあいさつ　希望您度过一个愉快的国庆节假期！　楽しい国慶節をお過ごしください。

2章　行動の文例

●送信・受信

1―経～介绍　我经田中先生介绍，得知了您的联络方式。　田中さんからご連絡先を伺いました。

経李徳民先生介绍，我得知贵公司生产该产品，所以想向您具体地了解一下。

李徳民さんから貴社でこの製品を生産していることを知り、詳しく伺いたいと思います。

2―（是）想　给您发邮件，是想请您介绍一下中国出版方面的情况。

今回メールを差し上げたのは、中国の出版状況を教えていただきたいためです。

这次主要想了解一下手机市场的情况。　今回は主に携帯市場の状況を調べたいと思います。

3―（是）为了　与您联系是为了向您请教一些问题。　伺いたいことがあり、ご連絡させていただきました。

给您发邮件是为了告诉您我下个月将去北京出差的消息。

来月、北京に出張することをお伝えするためにメールしました。

4―希望　我们希望能去拜访一下客户。　クライアントを訪問したいと思います。

我公司希望与中国化妆品销售方面的公司建立合作关系。

弊社は中国の化粧品販売関係の会社と提携関係を結びたいと考えております。

5―收到・收悉　商品目录收到了，谢谢！　カタログを受け取りました。ありがとうございます。

很高兴收到您从北京寄来的礼物。　北京のお土産をうれしく受け取りました。

来信收悉，非常感谢！　メールを受け取りました。どうもありがとうございました。

6―寄（上）　昨天给您寄了一盒日本糕点，希望您能喜欢。

昨日、和菓子をお送りしました。お口に合えばよいのですが。

寄上一点礼物，代表我的一点心意。　心ばかりの品です。お納めください。

寄上一份小礼物，祝您圣诞快乐！　心ばかりの品ですが、よいクリスマスをお過ごしください！

7―附上　随信附上招待会的请柬，诚邀您与会！

パーティーの招待状を同封いたします。ご参加いただければ幸いです。

附上最新价目表，请确认。　最新版の価格表を添付いたします。ご確認ください。

附上一份商品介绍，希望您对此感兴趣。

商品資料を同封いたします。興味をお持ちいただければ幸いです。

8―回复・答复　非常感谢您的回复。　ご返信ありがとうございます。

希望能在 5 号前得到回复。　5日までにお返事をいただければ助かります。

因为时间很紧，请尽快给予答复。　時間の関係で、大至急お返事お願いいたします。

9―为盼　望速回复为盼。　至急お返事お願いいたします。

●見積もり

1―可（以）　如果贵公司有意合作，我们可以寄上一些样品。

貴社に提携の意向がございましたら、サンプルを送らせていただきます。

我们无法提供样品，但可以提供图片和数据。

サンプル提供は難しいのですが、画像やデータ提供は可能です。

我们可以登门拜访，做详细说明。　そちらに伺い、詳しく説明させていただけます。

本公司产品的价目表可以在下述网页确认。　弊社製品の価格表は下記のページで確認できます。

所需数据可在以下网站下载。　必要なデータは下記のサイトでダウンロードできます。

关于上述条件，可以再做洽商。　上記の条件について、ご相談可能です。

如果订货数量较多，价格可以优惠。　ご注文いただく量が多ければ、割り引き可能です。

2―估价・报价　请按以下数量提供报价。　下記の数量で見積もりをお送り願えますか。

订货量 1000 的报价已收到，还请另外提供一份订货量 5000 时的报价。

1000 部の見積もりはいただいておりますが、5000 部の場合の見積もりもお願いできますか。

3—寄(上)・附上 报价单能否在 9 月 30 日前寄到？　9 月 30 日までに郵送で見積書を送っていただけませんか。

附上您所需要的报价单。　依頼いただいた見積書を添付いたします。

4—收到 报价单已经收到。等我们公司商讨决定后，再跟您联系。

見積書を受け取りました。社内で確認後、またご連絡させていただきます。

5—如(果) 我们考虑大量订货，如购买 1000 个是否有现货？

大口で購入したいと考えておりますが、1000 個の在庫はありますか？

如有不明之处，请随时咨询我们的工作人员。

ご不明な点がございましたら、我々スタッフにお気軽にお問い合わせください。

6—同意 我们同意接受贵方提供的价格。　お見積もりの金額で特に問題はございません。

我们同意按报价单上的价格与交货期订货。　見積書通りの金額と納期で発注したいと思います。

7—その他 这项服务能免费体验到什么时候？　このサービスはいつまで無料体験できますか？

该商品从多少个起售？　この商品の最小注文個数はどのくらいですか？

我们阅读了商品目录。贵方能否提供若干样品，供我们参考？

カタログを拝見しました。参考のために製品サンプルもいくつかお送りいただけますか？

关于价格我们有以下几点疑问，请贵社予以解答。

価格について下記の不明点がありますので、お教えていただけますか。

●交涉

1—如果・要是 如果能在 10 号前交货，我们就可以考虑订购。

10 日前に納品可能でしたら、こちらは注文を考えます。

要是包装方面要求不太高的话，单价可以下调 5 个百分点。

包装の点で厳しい要求がなければ、単価を 5 パーセント下げることができます。

如这项计划付诸实施，一定能使我们双方受益，望贵公司早日做出决断。

この企画が実現できれば、きっと双方に利益をもたらすと思われます。速やかにご英断くださるようお願いいたします。

2—不过・但(是) 您说的有道理，不过也请理解我们的难处。

おっしゃることも一理ありますが、事情をご賢察いただければ幸いです。

您的心情能够理解，不过我们这样做也是没有办法。

お気持ちは分かるのですが、致し方ないと考えております。

我们也希望提供最优惠的价格，但生产成本涨得厉害，这个报价已经非常合理了。

こちらも割安の価格をと思っているのですが、コストの値上がりが激しく、この価格は、妥当な線ではないかと思います。

运费可以考虑由我方承担，但 10 月 10 日交货恐怕很难办到。

運賃はこちらで負担できるのですが、10 月 10 日までの納品というのは厳しそうです。

除价格因素外，还请您多考虑一下市场占有率。

値段ばかりではなく、シェアもご考慮いただければと思います。

3—与～相比 与其他厂家相比，贵公司的报价偏高。

ほかのメーカーと比べ、貴社の見積もりは若干高めではないでしょうか。

4—最好 运费最好能由贵方承担。　運賃はご負担いただけると助かります。

5—能不能・能否 具体内容能否面议？　詳しい内容は直接会って相談させていただけないでしょうか？

报价超过了我们公司的预算范围，能不能再优惠一些？

見積もりの価格が予算を上回りましたので、もう少し相談させていただけませんか？

我们公司考虑长期订货，价格能否再优惠一些？

今後長きにわたり注文したいと考えておりますので、価格の面で相談させていただけませんか？

6—等候　　我们等候贵方的回音。　お返事、心待ちにしております。

7—很难・难以　贵公司的建议我们很难立即答复，请给我们一点时间考虑一下。

　　　　　　貴社のご提案に対して即答はできませんので、検討する時間を少しいただけないでしょうか。

　　　　　我方难以接受这个价格。　こちらは、この価格では難しいです。

8—无法　　这次无法订购贵公司的商品。我们深感遗憾。

　　　　　　今回は注文を見合わせることにいたします。とても残念です。

　　　　　如果贵公司坚持这一价格，我们恐怕无法与贵公司进行交易。

　　　　　　貴社がこの価格にこだわるようでしたら、今回の取引は成立できないと思います。

　　　　　我方无法接受这个条件，很遗憾这次无法与贵公司合作，但还是要谢谢您。

　　　　　　私どもは、この条件を受け入れることができません。今回は見送らせていただきます。ありがとうございました。

　　　　　希望以后有机会再合作！　またの機会によろしくお願いいたします。

9—～日之前　请在十月十日之前交货。　十月十日までに納品してください。

10—その他　距离贵公司要求的交货期只有一周，时间太紧，我们来不及完成生产。

　　　　　　貴社が求める納品日まで１週間しかなく、時間的に厳しく、生産が間に合いそうにありません。

　　　　　我方已经做出了巨大让步，如果您仍认为价格不合理的话，我们也无能为力了。

　　　　　　すでに精一杯のところですので、これ以上の値引きには、お応えできません。

　　　　　本公司经手的都是名牌商品，价格略高也是理所当然，还请谅解。

　　　　　　弊社が取り扱っているのはブランド品ばかりです。多少値がはるのは当然です。どうかご理解を

　　　　　　いただければと思います。

●支払い

1—付款・支付　请告知具体的支付方式。　支払い方法について、ご指示いただけないでしょうか。

　　　　　我们希望货到付款。　着払いでお願いいたします。

　　　　　4 月 19 日寄来的发票已经收到，本公司将于 30 日之前完成支付。

　　　　　　4 月 19 日のインボイスはすでに届いております。弊社は月末までにお支払いする予定です。

　　　　　收到货后，我支付了现金。　商品を受け取ったとき、現金で支払いました。

　　　　　余款可否在本月付清？　残りの金額は今月中に支払っていただけますか？

　　　　　委托贵公司设计的宣传单已经收到，请告知付款方式。

　　　　　　依頼したポスターを確かに受け取りました。支払方法をご指示いただけますでしょうか。

2—汇（款）　请将货款汇到本公司的银行帐户上。　代金は銀行振り込みでお願いいたします。

　　　　　货款请汇到以下帐户。　代金を下記の口座にお振り込みいただければ幸いです。

　　　　　我方已将货款汇至贵公司的中国银行帐户，烦请确认。

　　　　　　代金を中国銀行の貴社の口座に振り込みました。お手数ですがご確認いただければ幸いです。

　　　　　今天我公司已通过银行汇上了设计费。　今日はデザイン料を銀行で振り込みました。

　　　　　贵公司在这么短的时间里就完成了汇款，真是非常感谢。

　　　　　　貴社におかれましては、このような短時間のうちにご入金いただき、誠に感謝しております。

3—收款　　我方尚未收到银行的到款通知，可否烦请确认？

　　　　　　銀行の入金証明書がまだ届いておりません。お手数ですが確認していただけないでしょうか？

　　　　　本公司会计部门说尚未收到贵公司上个月该付的货款。

　　　　　　先月お支払い予定の代金が、まだ確認できていない、と経理部に言われています。

　　　　　汇款已收到，非常感谢。　入金の確認ができました。ありがとうございます。

4—付款通知　现附上付款通知单，请按此付款。　請求書を同封いたします。それに従い、お支払いください。

　　　　　付款通知上请盖贵公司的财务章。　請求書に必ず財務専用印で捺印をお願いいたします。

5—发票　　请将发票随商品一同寄来。　商品と一緒に領収書を送っていただけますか。

　　　　　发票抬头请写"语言出版社"。　領収書の宛名は「語言出版社」でお願いいたします。

●契約

1—寄上・附上・收到 现附上意向书的草拟稿，各项条款请予确认。

意向書の草案を同封いたします。各項目についてご確認いただけますでしょうか。

贵公司寄回的合同已经收到，预祝我们合作愉快。

ご返送いただいた契約書を拝受いたしました。今後ともよろしくお願い申し上げます。

2—回复・通知 请确认内容后，于 5 月 5 日之前回复我们。

内容をご確認の上、5 月 5 日までにお返事いただけると助かります。

如对草拟稿有异见，请通知我们。　草案に対して異議がございましたら、お知らせください。

3—盖章・签字 今日已将两份合同的正本寄出，请盖章签字后将一份寄回。

今日は契約書原本 2 部を送付いたしました。ご署名、ご捺印の上、1 部をご返送お願いいたします。

我公司已在合同上签字，昨天已用 EMS 寄还。

弊社は契約書に署名した上、昨日、EMS で返送いたしました。

4—拝読・研究・感想・同意 谢谢您寄来的草拟案。请允许我们研究后答复您。

草案を受け取りました。ありがとうございます。弊社で検討させていただき、お返事いたします。

草拟合同已经拜读，我们没有什么异议。　契約書草案を拝読しました。特に問題ございません。

我们公司接受草拟合同的各项条款，并希望尽早签署合同。

弊社は契約書草案のすべての条件に同意いたします。できるだけ早く契約を結ぴたいと思います。

5—修改・修正 经公司讨论，我们对草拟合同略做了几点修正。现附上修正稿，请确认内容。

社内で検討した結果、草案に少し修正を加えました。修正案を添付いたします。内容をご確認の
ほどよろしくお願いいたします。

对于本公司提出的修改条件，请贵公司予以考虑。

弊社の修正案について、ご検討いただければ幸いです。

●納品

1—購入・订(货)・订购 我们公司决定购买 50 册。　弊社は 50 冊を注文することにします。

我们决定订购以下产品。另请告知我们具体的交货日期。

下記の商品を注文いたします。また具体的な納品日を教えてください。

现在订货的话，几天后能够送到？　今注文すれば、何日後に届きますでしょうか？

非常感谢订购本公司产品。产品将于 12 号送达。

弊社製品をご注文ありがとうございます。12 日にお届けします。

2—送 (货) 可以指定送货上门的时间，请问 21 号的哪个时间段比较好？

商品お届けの時間をご指定いただけます。21 日のどの時間帯がよろしいでしょうか？

请在 10 点到 12 点之间送货。　商品受け取りの時間は 10 ～ 12 時の間にしてください。

商品已经委托快递公司发出，送货时间为 6 月 3 日下午。

6 月 3 日午後指定の宅配便で商品を発送いたしました。

3—退 (货) 商品被退回来了。请问填写的地址是否有误？

商品が戻ってきてしまいました。記入された住所に間違いはないでしょうか？

十分抱歉，地址写错了，烦请更正为以下地址。

住所を書き間違えました。申し訳ございません。お手数ですが、下記の住所に訂正お願いいたします。

4—查询 距离购买日已有三个星期，我公司至今未收到商品，能不能麻烦您帮忙查询一下。

購入からすでに 3 週間経ちましたが、商品がまだ届いていないので、お調べいただけないでしょうか。

我询问了运输公司，他们说明天一定送到。

運搬会社に問い合わせた結果、明日必ずお届けするとのことです。

商品已经寄到了吗？如有什么问题，请随时联络。

注文品はもう届きましたでしょうか？　何かございましたら、いつでもご連絡ください。

5—收到　商品已经收到，谢谢！　商品を受け取りました。ありがとうございます。

商品已经收到，但发现了一个次品，不知能否更换？

商品は届いたのですが、不良品が一つあります。交換していただけますでしょうか？

商品按期到货，非常感谢。　商品は予定通り受け取りました。どうもありがとうございます。

6—退换・更换　送来的商品几乎全都破损了。我们要求全部更换。

商品がほとんど壊れています。全品交換をお願いします。

我们的工作失误给您造成了巨大损失，我们将承担退换货过程中产生的全部费用。

私どもの手違いにより、お客様に損失を与えてしまいました。返品・交換で生じる費用は全額こちら側で負担させていただきます。

●催促

1—如何　工作进展如何？能按期交货吗？　仕事の進展はいかがですか？　期日通りに納品できますか？

2—已（经）　上次那件事已经办好了吗？　例の件は、もう終わりましたでしょうか？

有关价格的事情，你已向陈总汇报了吗？

価格の件は、陳社長に報告していただけましたでしょうか？

贵公司申请的专利是否已经获批，请告知。

貴社が申請中の特許は、すでに承認されておりますか。教えていただければ幸いです。

3—一定要　证明材料一定要在 5 月 5 日前寄到。　証明書類は 5 月 5 日までに届かなければなりません。

4—务必　请务必在周一前跟他取得联系。　月曜日までに、必ず彼と連絡を取ってください。

请务必在下周内交货，否则就来不及了。

来週中に必ず納品ください。でなければ間に合わなくなります。

5—その他　一直没有您的回信，不知 5 月 3 日我发给您的邮件您收到了吗？

まだお返事をいただけていないのですが、5 月 3 日にお送りしたメールは届いておりますでしょうか？

因资料不全，我们无法开始工作，切盼您尽快将资料寄来。

資料がそろっていないため、仕事が始められません。至急お送り願います。

上星期五给您发过邮件，但无回音。恳请您在百忙之中给我回个信。

先週金曜日にメールを送ったのですが、お返事が届いていないようです。お忙しいところ恐縮ですが、折り返しお返事いただけないでしょうか。

客户来催了好几次，这批货不能再拖了。

クライアントに何回も催促されており、今回の納期は、これ以上延期できません。

●訪問

1—安排・抽・挤~时间　您能否为此安排时间？　この件でお時間を作っていただけませんか？

我想拜访一下贵公司，不知您是否安排出时间？

貴社に伺いたいのですが、お時間を頂戴できないでしょうか？

最近抽不出时间见面，通过电话谈好吗？

近々、お会いする時間は作れません。電話で相談させていただけないでしょうか？

2—占用~时间　能否占用一点您的宝贵时间，让我介绍一下本公司的产品？

貴重な時間をいただき、弊社の製品を紹介させていただけないかと思っております。

我希望登门拜访，能占用您一点时间，让我做一下说明吗？

そちらにお邪魔し、少しお時間をいただき説明させていただけないでしょうか？

3—定时间　陈总也希望与您洽谈一下，我们定个时间好吗？

陳社長も貴社とお目に掛かりたいと考えております。時間を決めましょう。

我下周会空一些，就定在下星期五见面吧。

　　来週は少し空いておりますので、お会いするのは来週の金曜日にしましょうか。

时间定在下周四 5 点左右可以吗？　　時間は来週木曜日の 5 時ごろでもよろしいでしょうか？

4─改时间　　明天经理有事，可能来不了了，可否改个时间？

　　明日、マネージャーに用事があり、伺えなくなる可能性が出てきました。日時を変更させていた
だけないでしょうか？

因有急事，见面时间改到星期五可以吗？

　　急用ができたので、面会の日程を金曜日に変更できませんか？

5─定地方　　在哪里谈都没问题，地点请由贵方决定吧。

　　打ち合わせの場所は、どこでも構いませんので、場所はそちらで決めていただけないでしょうか。

6─改地方　　原定的第一会议室有个紧急会议，我们改在大堂咖啡厅见面吧。

　　予定していた第 1 会議室は緊急の会議が入ったため、ロビーのカフェでお会いしましょう。

7─等候・恭候　好的。我在办公室等候您。　　かしこまりました。オフィスでお待ちしております。

期待在大阪与您见面。　　大阪でお目に掛かるのを楽しみにしています。

时间由您定吧。我随时恭候。　　時間はお任せいたします。いつでもお待ちしております。

那么，我在办公室恭候您的光临。　　では、事務所でお待ちしております。

8─その他　　我们在大光明电影院附近的星巴克见面吧。

　　大光明映画館近くのスターバックスでお会いしましょうか。

附上从新宿车站到本公司的地图。　　新宿駅から弊社までの地図を添付いたします。

如果找不到，请打我的手机。　　見つからなければ、携帯にお電話ください。

请您先坐地铁到品川，再换开往五反田的巴士，到终点后便可见到我们公司的牌子。

　　地下鉄で品川駅までお越しいただき、五反田行きのバスに乗り換えて終点で降りると、弊社の看
板が見えます。

在 1 号口出站后往右拐，大概走两分钟便可看到天桥，公司就在天桥旁边。

　　1 番出口から駅を出られたら、右へ曲がってください。2 分間ぐらい歩くと、歩道橋が見えます。
会社は歩道橋の隣にございます。

到了公司，请在服务台打电话叫我，我下去接您。

　　会社に着いたら、受付からお電話いただけますか。お迎えに上がります。

我会在大厅等您。如果见不到我，请稍等一下。

　　ロビーでお待ちしております。見当たらないようでしたら、少しお待ちいただけますか。

跟门卫说找王军就可以进来了。　　警備員に、王軍と約束があると伝えれば、お入りいただけます。

我借了一间会议室，可以坐 10 个人。　　会議室を借りました。10 人入ります。

请在站台上稍等，不要出站。　　改札口を出ないで、ホームでお待ちください。

如果提前到了，请在绿岛咖啡厅等我，不见不散！

　　早めに着いた場合、緑島カフェでお待ちいただけますか。必ず会いましょう。

我们在人民广场地铁 1 号出入口见吧。　　人民広場地下鉄 1 番出口でお会いしましょう。

很期待今晚与您见面。　　今晩お会いするのを楽しみにしています。

我订好了位子，如果您先到了，就请直接进去吧。

　　席を予約しております。先に着いた場合は、直接中にお入りください。

我是用王翔的名字预约的。　　王翔の名前で予約しています。

我马上到！　　すぐ着きます。

因为堵车，我估计要迟到 30 分钟，很抱歉，请您稍等。

　　渋滞のため、30 分ぐらい遅刻しそうです。申し訳ございません。少しお待ちいただけますか。

可否在下周四至周六之间提几个合适的时间备选？

　　来週の木曜から土曜の間に候補の時間を 2、3 挙げていただけますか？

■著者プロフィール

林 松濤 (Lín Sōngtāo)

中国語教室・翻訳工房「語林 (http://go-lin.com)」代表。また、法政大学、拓殖大学でも教鞭をとる。論理的・合理的な授業で、第一線で戦うビジネス戦士たちや学生に、日々実力と自信を与えている。

書籍・論文・ビジネス文書を多数翻訳し、『日中辞典』(講談社) の編集にも携わる。

通訳案内士の資格を持ち、Twitterでも注目を集めている。

復旦大学で物理、同大学院で哲学を学び、1995年に来日。

東京大学大学院で思想史を研究、博士課程修了。

主な著書に『日本人が知りたい中国人の当たり前』(三修社)、『つながる中国語文法』(ディスカヴァー・トゥエンティワン)、『シンプル公式で中国語の語順を制す』(コスモピア)、『マップ式 中国語単語記憶術』(講談社)、『つたわる中国語文法』(東方書店)、『すらすらさくさく中国語中級ドリル1000』(東方書店) などがある。

■執筆協力

谢辰 (Xiè Chén)

月刊雑誌『聴く中国語』の編集デスク・ナレーションを務めながら、法政大学、日中学院、語林中国語教室で中国語を教えている。活き活きした文例を使って、中国語の面白みと活用法を教えるのが得意。

北京師範大学で歴史学を学び、2014年に来日、東京大学大学院で国際関係論を専攻し、博士課程修了。

著書に『すらすらさくさく中国語中級ドリル1000』(東方書店)、訳書に『亜洲史概説』(民主与建設出版社、原題『アジア史概説』宮崎市定著) がある。

王 怡韡 (Wáng Yíwěi)

■中文校正

包 林 (Bāo Lín)

大人なら使いたい中国語表現
〜メールやビジネスシーンで恥をかかないために〜

2020 年 2 月 28 日　第 1 刷発行

著　　者	林 松濤
発 行 者	前田俊秀
発 行 所	株式会社 三修社
	〒 150-0001　東京都渋谷区神宮前 2-2-22
	TEL03-3405-4511
	FAX03-3405-4522
	http://www.sanshusha.co.jp
	振替 00190-9-72758
	編集担当　安田美佳子
印刷・製本	倉敷印刷株式会社

カバーデザイン：株式会社エヌ・オフィス
本文デザイン：スペースワイ